Manuale Semi-Serio di Sopravvivenza a Tavola: Come Affrontare una Cena con Lei senza Perdere Dignità

INDICE

1. Introduzione: La Missione Impossibile

Introduzione: La Missione Impossibile

Benvenuto caro lettore nel magico mondo delle cene romantiche.

Se ti sei trovato con questo libro tra le mani probabilmente ti sei

reso conto che affrontare una cena con una ragazza non è

esattamente come andare a prendere un caffè al bar sotto casa.

No ma è più come cercare di disinnescare una bomba con un

manuale di istruzioni scritto in una lingua che non conosci. Eppure

eccoci qua insieme pronti a svelare i segreti e le follie che accompagnano quella che per molti è la vera Missione Impossibile: una serata perfetta a cena con una ragazza.

Il motivo per cui ho deciso di scrivere questo libro è semplice. Troppo spesso durante conversazioni tra amici o racconti ascoltati al bar mi sono trovato di fronte a storie di cene romantiche finite nel peggiore dei modi. C'era chi aveva scelto un ristorante troppo costoso e si era ritrovato a lavare i piatti per pagare il conto chi aveva ordinato un piatto impronunciabile senza sapere che stava per mangiare fegato crudo di capra e chi a fine serata non sapeva nemmeno se ci sarebbe stato un secondo appuntamento o se doveva rassegnarsi a vivere per sempre nel limbo dei "mi spiace sei troppo simpatico". Insomma c'è un bisogno disperato di una guida per sopravvivere a queste situazioni e così è nato questo libro. Perché alla fine della fiera l'amore è già abbastanza complicato senza doverci aggiungere pure la pressione di una cena in un ambiente pieno di coltelli camerieri e troppe opzioni sul menu.

Ma non preoccuparti questo libro non è un noioso trattato sulla seduzione. Non ti darò consigli generici tipo "sii te stesso" o "falle ridere". No il mio obiettivo è quello di guidarti passo passo con un po' di ironia e leggerezza attraverso tutte quelle piccole e grandi sfide che possono presentarsi durante una cena romantica. Voglio che tu possa affrontare la serata con il sorriso anche quando scopri che lei è vegana e tu hai già ordinato una fiorentina da un chilo. Ecco perché questo libro è scritto in un tono divertente e scorrevole senza troppa pomposità e senza pretendere di trasformarti in un Casanova contemporaneo. Sei semplicemente tu con un pizzico di preparazione in più pronto a navigare il mare agitato delle relazioni moderne.

Sai qual è il problema più grande delle cene romantiche? Il fatto che sono piene di aspettative. Aspettative da parte tua che vuoi fare bella figura aspettative da parte sua che spera che tu non sia un completo disastro e aspettative da parte del ristorante che vuole semplicemente che tu paghi il conto senza causare danni. E così ci ritroviamo in questo scenario surreale in cui ognuno cerca di mantenere il controllo mentre una piccola parte di noi è convinta che qualcosa prima o poi andrà storto. E spesso va proprio così.

La prima sfida è la scelta del ristorante. Sì perché pensare che sia sufficiente dire "scegli tu" e poi pregare che lei abbia buon gusto non è la strada giusta. La scelta del ristorante è il primo test della serata. Se la porti in un posto troppo costoso potrebbe pensare che stai ostentando o peggio ancora che ti aspetti chissà cosa in cambio. Se invece la porti in un fast food potrebbe chiedersi se stai cercando di risparmiare per comprarti un abbonamento alla palestra piuttosto che impressionarla. E quindi quale è la scelta giusta? Nessuno lo sa ma questo libro ti aiuterà a navigare tra le trappole e a scegliere un ristorante che dica "ho gusto ma non sono uno snob".

Poi c'è la questione dell'abbigliamento. Ti sembra semplice? Beh non lo è. Se ti vesti troppo elegante sembri un manichino di un negozio costoso. Se ti vesti troppo casual sembri uno che è passato di lì per caso mentre stava portando fuori il cane. E allora come fare? Il trucco è sembrare come se ti fossi sforzato ma non troppo. Come se ti fossi vestito bene senza pensarci davvero il che è impossibile ma questo è il messaggio che vuoi dare. Tranquillo anche qui ti guiderò con qualche trucchetto su come sembrare perfettamente imperfetto evitando gli errori più comuni come le scarpe troppo nuove o le camicie troppo stirate.

E finalmente arriviamo alla parte più temuta il vero cuore della cena: la conversazione. Come evitare di parlare solo di te stesso? Come evitare di parlare troppo poco e sembrare un sociopatico? Qui è importante trovare il giusto equilibrio. Sì perché parlare solo di te ti rende egocentrico mentre parlare troppo poco ti rende misterioso ma nel modo sbagliato. Il segreto è ascoltare fare domande e avere qualche aneddoto divertente da raccontare giusto per alleggerire la tensione. E ricordati mai parlare del tuo ex o delle tue delusioni amorose a meno che tu non voglia vederla fuggire attraverso la finestra del bagno.

Il menu è un altro ostacolo. Tu pensi che scegliere un piatto sia facile? Beh non lo è quando sai che ogni scelta potrebbe essere giudicata. Ordini un'insalata e sembri uno che ha paura delle calorie ordini una bistecca e lei è vegana ordini vino rosso e scopri che lei preferisce il bianco. Insomma ogni dettaglio può diventare una trappola. E poi c'è la parte più imbarazzante: come mangiare senza sembrare un cavernicolo. Sì perché magari a casa tua puoi anche mangiare con le mani ma a cena con lei non è proprio il caso. Quindi parleremo anche di galateo di come usare le posate senza sembrare in preda a un attacco di panico e di come evitare di rovesciarsi il vino addosso (trucco: tenere sempre il bicchiere con entrambe le mani).

E poi c'è il conto. Ah il conto. Chi paga? Tu? Lei? Dividete? E come evitare che il momento del conto diventi un momento di imbarazzo? Ne parleremo approfonditamente perché credimi questo è uno degli aspetti più delicati. Pagare senza sembrare troppo insistente ma anche senza sembrare uno che vuole fare il grande uomo della situazione. Insomma anche qui c'è un delicato equilibrio da mantenere e io sarò qui per darti qualche dritta su come affrontare questo momento cruciale.

Alla fine della serata quando hai finalmente superato tutte le sfide arriva il momento del gran finale. Salutarla. Qui tutto è ancora possibile: un bacio un abbraccio una stretta di mano. Ogni gesto ha un suo significato e ogni gesto può cambiare il destino della tua storia. Ma non preoccuparti non sei solo. Questo libro è qui per aiutarti a capire quale è la scelta giusta quando il momento è quello giusto e soprattutto come evitare di sembrare troppo impacciato.

Quindi preparati rilassati e affrontiamo insieme questa missione. Sì è vero una cena romantica può sembrare una prova di sopravvivenza ma con un po' di ironia qualche trucco e la giusta dose di coraggio puoi non solo sopravvivere ma anche godertela. Dopo tutto il segreto è vivere tutto con leggerezza e ricordarsi che alla fine anche lei è probabilmente un po' nervosa. Siamo tutti sulla stessa barca e se possiamo farci qualche risata lungo il percorso tanto meglio. Benvenuto a bordo la cena sta per iniziare.

Capitolo 1: La Preparazione Psicologica

Prima di tutto dobbiamo prepararci psicologicamente. Sì lo so magari pensavi che bastasse una doccia e una spruzzata di profumo ma la verità è che affrontare una cena romantica richiede un po' più di sforzo mentale. Parliamoci chiaro sei nervoso e lei probabilmente lo è altrettanto. È un po' come essere in una gara di formula uno senza aver mai guidato nemmeno un go-kart. Ma tranquillo ci sono delle tecniche che possono aiutarti a calmare i nervi e soprattutto evitare di trasformare la serata in un disastro annunciato.

Affrontare le tue paure: e se fosse vegetariana?

Prima di tutto affrontiamo una delle paure più comuni e se fosse vegetariana? Sì perché magari tu hai già in mente di portarla in quella steakhouse che hai sempre voluto provare e invece scopri che lei mangia solo insalatine. Niente panico. La chiave qui è la flessibilità. Devi essere pronto a cambiare i tuoi piani senza sembrare troppo deluso e soprattutto senza fare battute tipo "ma gli animali non sono piante che camminano?". La cosa migliore che puoi fare è informarti in anticipo. Se non sei sicuro delle sue preferenze cerca un ristorante che abbia opzioni per tutti. In questo modo se lei è vegetariana non ti troverai in difficoltà e se non lo è potrai comunque gustarti il tuo filetto senza sensi di colpa. Ma non è solo una questione di cibo. È anche una questione di atteggiamento. Non devi farle sentire che le sue scelte alimentari sono un problema per te. Se lei ordina un piatto vegano e tu una bistecca da un chilo la cosa importante è non fare commenti. Sorridi e goditi la cena. Mostra rispetto per le sue scelte e lei farà lo stesso con le tue. E chi lo sa magari scoprirai che il tofu non è poi così male. L'importante è non farti prendere dal panico. Ricorda che sei lì per passare del tempo con lei non per discutere del ciclo di vita delle carote.

Meditazione e visualizzazione per non rovesciare il vino

Ora parliamo di una delle paure più irrazionali ma anche più diffuse: rovesciare il vino. Non so perché ma sembra che ogni volta che siamo in una situazione importante il bicchiere di vino diventi improvvisamente un oggetto instabile e minaccioso. La soluzione? La meditazione e la visualizzazione. No non sto parlando di sederti a gambe incrociate e fare "oohmm" nel bel mezzo del ristorante. Sto parlando di prenderti qualche minuto prima della cena per rilassarti davvero. Chiudi gli occhi fai qualche respiro profondo e immagina la serata. Immagina te stesso che prendi il bicchiere con sicurezza che lo porti alle labbra senza una goccia fuori posto. Immagina il vino che rimane nel bicchiere e non sulla tovaglia bianca del ristorante.

Questo esercizio di visualizzazione ti aiuterà a sentirti più sicuro e meno nervoso e a evitare movimenti bruschi o poco coordinati. La meditazione non è una cosa da guru o santoni è semplicemente un modo per calmare la mente. Quando sei calmo sei anche più presente e questo significa meno probabilità di rovesciare il vino o fare altri pasticci. Se poi qualcosa va storto e una goccia cade sulla tovaglia non fare una tragedia. Ridi della situazione e vai avanti. La chiave è non farne un dramma e non fissarti sull'errore. Alla fine l'importante è come gestisci la situazione non il fatto che sia successo qualcosa.

L'arte di fingere di essere sofisticato

Ammettiamolo tutti noi vogliamo fare bella figura alla prima cena. E a volte questo significa fingere un po' di essere più sofisticati di quanto siamo realmente. Non c'è niente di male in questo basta non esagerare. Fingere di essere sofisticato non significa parlare con un accento francese o discutere della qualità dei tannini nel vino che hai appena ordinato. Significa semplicemente mostrare il tuo lato migliore cercando di sembrare un po' più raffinato ma senza risultare ridicolo.

Prima di tutto parliamo del galateo. Non devi essere un esperto di etichetta ma conoscere qualche regola base ti aiuterà a sentirti più sicuro. Ad esempio tieni sempre il tovagliolo sulle ginocchia usa le posate dall'esterno verso l'interno e cerca di non parlare a bocca piena. Sì lo so sembrano consigli banali ma ti sorprenderesti di quanti dimenticano queste semplici regole quando sono nervosi. Un altro trucco per sembrare sofisticato è mostrare interesse per il cibo e il vino senza però fingere di essere un sommelier. Se non sai nulla di vini chiedi consiglio al cameriere. Dire qualcosa tipo "non sono un esperto ma vorrei qualcosa di leggero che si abbini bene con il pesce" ti farà sembrare interessato e aperto senza risultare presuntuoso.

E poi c'è il modo in cui ti rivolgi. Non devi usare parole complicate o citare filosofi greci per sembrare sofisticato. Basta parlare con calma ascoltare e fare domande intelligenti. Ad esempio se lei ti racconta del suo lavoro o di una sua passione fai domande che mostrino che sei veramente interessato. La vera sofisticatezza non sta nel mostrare quanto sei colto ma nel mostrare quanto sei interessato agli altri. Quindi dimentica di cercare di impressionarla con aneddoti su Shakespeare e concentrati invece su di lei. Questo è il modo migliore per sembrare sofisticato senza sembrare finto. Un altro piccolo segreto per sembrare sofisticato è sapere quando essere semplice. Non c'è niente di più attraente di una persona che sa quando lasciarsi andare e divertirsi. Quindi se il cameriere versa del vino sbagliato o se il piatto non è come te lo aspettavi non fare scenate. Sorridi fai una battuta e vai avanti. La vera sofisticatezza sta nel saper affrontare le situazioni con leggerezza e grazia non nel cercare di essere perfetti. Se riesci a mostrare che sai goderti la serata indipendentemente da cosa succede lei vedrà che sei una persona che vale la pena conoscere meglio. Immagina per un attimo la tua cena ideale. La ragazza ride alle tue battute il cibo è delizioso il cameriere non versa vino sulla tovaglia e nessuno si lamenta del conto. Ora immagina la cena peggiore possibile. Ti sei dimenticato di prenotare lei ti guarda come se fossi l'ultimo degli uomini il cameriere vi ignora il cibo è immangiabile e alla fine ti trovi a chiederti se lei sta considerando di fuggire dalla finestra del bagno. Bene la realtà sarà probabilmente da qualche parte nel mezzo quindi rilassati. Non devi essere perfetto devi solo essere preparato ed è qui che la preparazione psicologica entra in gioco. La prima cosa da fare è accettare che la perfezione non esiste. Questo non significa che puoi presentarti in pigiama o raccontare storie imbarazzanti della tua infanzia come se foste al campo estivo ma significa che devi smettere di pensare che ogni cosa debba andare secondo i piani. Anzi se c'è una cosa che ho imparato sulle cene romantiche è che i piani vanno spesso a farsi benedire. Un piatto viene servito troppo tardi? Tranquillo può essere l'occasione per una battuta sul ristorante e rompere il ghiaccio. Lei ti dice che è allergica ai frutti di mare e tu hai appena ordinato l'aragosta? Ridi della situazione e cambia l'ordine. La chiave è rimanere flessibile e soprattutto non perdere il senso dell'umorismo.

Parliamo poi del grande nemico il pensiero negativo. È facile iniziare a pensare che tutto andrà male che dirai la cosa sbagliata che farai una figuraccia. Bene fermati. I pensieri negativi sono come i popcorn al cinema una volta che inizi è difficile fermarsi. Devi invece sforzarti di pensare positivo non in modo assurdo ma realistico. Ad esempio "Potrebbe non essere la serata perfetta ma sicuramente ci saranno dei momenti divertenti". Oppure "Forse non farò ridere con tutte le mie battute ma almeno una la farò ridere ed è sufficiente". Ricordati che l'obiettivo non è essere impeccabile ma creare un'atmosfera piacevole. E poi c'è l'approccio mentale alla conversazione. Non devi essere un intrattenitore da cabaret devi solo essere un buon ascoltatore e saper dire la cosa giusta al momento giusto. La pressione di dover sempre avere la battuta pronta può farti venire voglia di arrenderti in partenza quindi invece concentrati sull'essere curioso. Fai domande interessati a ciò che lei ha da dire e se arriva un momento di silenzio non andare nel panico. Un momento di silenzio non è la fine del mondo a volte è semplicemente un'opportunità per riflettere e godersi un sorso di vino. E se proprio senti che la tensione sta salendo puoi sempre commentare l'ambiente il cibo o inventare una piccola storia divertente legata alla tua giornata.

Ora parliamo di una delle cose più difficili da gestire la paura del giudizio. Lo so è difficile non preoccuparsi di cosa lei penserà di te. Ti guarderà e penserà che sei noioso? Che non sei abbastanza interessante? Bene ecco un segreto anche lei è preoccupata di cosa penserai tu di lei. Sì siamo tutti sulla stessa barca tutti con i nostri piccoli dubbi e insicurezze. Quindi piuttosto che concentrarti su come impressionarla concentrati sul farla sentire a suo agio. Le persone si ricordano di come le hai fatte sentire molto più di quello che hai detto o fatto. Se lei si sente a suo agio e sorride hai già vinto metà della battaglia.

Un altro punto cruciale della preparazione psicologica è avere una strategia di uscita. Sì hai capito bene una strategia di uscita. Questo non significa che devi prepararti a fuggire dalla finestra del bagno (anche se a volte potrebbe sembrare una buona idea). Significa invece avere un piano su come concludere la serata nel modo giusto. Se le cose stanno andando bene come farai capire che vorresti vederla di nuovo senza sembrare troppo insistente? E se invece le cose non stanno andando come speravi come farai a concludere la serata senza creare ulteriore imbarazzo? Avere un'idea su come comportarti ti aiuterà a sentirti più tranquillo e sicuro.

Conclusione: Quindi per riassumere, la preparazione psicologica per una cena romantica è una questione di piccoli accorgimenti. Devi affrontare le tue paure accettare che la perfezione non esiste e ricordare che anche lei è probabilmente un po' nervosa. La meditazione e la visualizzazione possono aiutarti a calmarti e a evitare piccoli incidenti mentre l'arte di fingere di essere sofisticato è tutta una questione di equilibrio. Non devi trasformarti in qualcuno che non sei ma devi semplicemente mostrare il tuo lato migliore con un pizzico di fiducia e una buona dose di umorismo.

Ricorda che l'obiettivo della serata non è impressionarla con la tua conoscenza dei vini o con le tue doti da intrattenitore ma è passare del tempo piacevole insieme e conoscerla meglio. Se riesci a farla sentire a suo agio a farla ridere e a mostrarti per quello che sei hai già vinto. Non importa se il vino si rovescia o se il cameriere dimentica il tuo ordine l'importante è come reagisci. Sii gentile con te stesso accetta gli imprevisti e goditi ogni momento.

La cena romantica non è una gara non è un esame è solo un'occasione per condividere del tempo con una persona interessante. Quindi preparati rilassati e affronta la serata con leggerezza. E se tutto va storto beh almeno avrai una storia divertente da raccontare agli amici. E forse chissà potrebbe essere solo l'inizio di tante altre cene insieme.

Capitolo 2: La Scelta del Ristorante: Campo Minato

Eccoci qui siamo arrivati al punto cruciale: la scelta del ristorante. Se pensavi che bastasse cercare su Google "ristorante carino vicino a me" allora mi dispiace deluderti ma c'è molto di più dietro questa decisione apparentemente innocente. Perché ogni tipo di ristorante manda un messaggio preciso su di te e sulla tua personalità. Quindi devi fare attenzione ogni scelta ha un suo significato e non vuoi mandare messaggi sbagliati vero?

I tipi di ristorante e cosa dicono di te

Partiamo dai ristoranti di lusso quelli con tovaglie immacolate camerieri in giacca e cravatta e un menu che sembra più un romanzo che un elenco di piatti. Se la porti in un posto del genere il messaggio che stai dando è chiaro: vuoi impressionarla. Sei uno che non bada a spese vuoi farla sentire speciale e vuoi far vedere che hai gusto. Ma occhio perché c'è anche il rischio che lei pensi che stai cercando di ostentare troppo o che tu sia uno di quei tipi che fa sempre tutto in grande stile e magari lei preferisce qualcosa di più semplice. Quindi se non sei sicuro che lei sia il tipo da ristorante stellato forse è meglio scegliere qualcosa di meno impegnativo.

Poi ci sono le trattorie. Ah le trattorie. Quelle con le tovaglie a quadretti il cameriere che ti parla come se fossi uno di famiglia e le porzioni che ti fanno pensare che la nonna abbia cucinato apposta per te. Se scegli una trattoria stai dicendo che ti piace la semplicità che vuoi una serata rilassata e senza troppi fronzoli. È un'ottima scelta se vuoi far capire che sei alla mano che non hai bisogno di lusso per stare bene. Attenzione però perché una trattoria troppo spartana potrebbe dare l'impressione che non ti sei impegnato abbastanza quindi scegli con cura. Cerca un posto che abbia un buon equilibrio tra comfort e atmosfera.

E poi ci sono i ristoranti etnici. Giapponese messicano indiano thailandese ce n'è per tutti i gusti. Se scegli un ristorante etnico stai mostrando che sei aperto a nuove esperienze che ti piace sperimentare e che sei curioso. È un ottimo modo per rompere il ghiaccio magari parlando dei viaggi che hai fatto o che vorresti fare. Ma fai attenzione a non scegliere un tipo di cucina troppo particolare se non sei sicuro che lei apprezzi. L'ultima cosa che vuoi è trovarla a fissare un piatto di insetti fritti cercando di non svenire. Quindi meglio optare per qualcosa di un po' più conosciuto ma comunque interessante.

Poi abbiamo i ristoranti moderni quelli con le luci soffuse i tavoli minimalisti e la musica lounge in sottofondo. Questi locali sono una buona via di mezzo dicono che hai buon gusto che vuoi qualcosa di speciale ma senza esagerare. È una scelta sicura se vuoi mostrare che hai stile ma non vuoi sembrare troppo pretenzioso. Insomma un ristorante moderno ti dà quel tocco di raffinatezza senza rischiare di sembrare uno snob.

Come evitare ristoranti con porzioni da "nouvelle cuisine"

Ora parliamo di un problema serio. La "nouvelle cuisine". Hai presente quei ristoranti dove ti servono piatti che sembrano opere d'arte ma che ti lasciano con più fame di quando sei entrato? Ecco proprio quelli. Non c'è niente di peggio che spendere una fortuna per un piatto che potrebbe tranquillamente essere una decorazione per la tavola. La chiave per evitare questo tipo di ristoranti è fare un po' di ricerca in anticipo. Non ti preoccupare non devi diventare un investigatore privato basta leggere qualche recensione su internet.

Cerca su il nome del ristorante e leggi le recensioni. Se vedi che molte persone si lamentano delle porzioni piccole allora scappa. Un altro trucco è guardare le foto dei piatti. Se vedi piatti con tre foglie di insalata e un puntino di salsa probabilmente non è il posto giusto per una cena dove vuoi effettivamente mangiare. Cerca invece recensioni che parlano di "porzioni abbondanti" o "piatti generosi" queste sono le parole chiave. E ricorda un menu troppo complicato con descrizioni poetiche è spesso un brutto segno. Se ogni piatto sembra una poesia di Baudelaire c'è una buona probabilità che le porzioni siano adatte a un passerotto più che a un essere umano.

Un altro trucco è evitare i ristoranti con troppe stelle Michelin se non sei sicuro. Sì perché spesso questi posti sono più interessati a stupirti con la presentazione e l'originalità dei piatti che a riempirti lo stomaco. Non fraintendermi è fantastico andare in un ristorante stellato ma forse non è l'ideale per una prima cena dove vuoi evitare di dover fermarti per un kebab alle tre del mattino perché hai ancora fame. Cerca un ristorante che abbia recensioni positive sul gusto e sulla quantità senza troppe pretese.

Trucchi per sembrare un habitué anche se è la tua prima volta

Adesso veniamo alla parte più interessante sembrare un habitué anche se è la tua prima volta in quel ristorante. Sì perché far credere di conoscere il posto come le tue tasche ti fa guadagnare punti bonus. Prima di tutto fai i compiti. Cerca informazioni sul ristorante scopri quali sono i piatti migliori e quali quelli da evitare. Leggi qualche recensione e cerca di ricordare il nome di almeno un paio di piatti così quando il cameriere arriva puoi dire con sicurezza "mi hanno detto che il risotto qui è spettacolare lo prendo". Questo dà l'idea che tu conosca il posto e che tu sappia quello che stai facendo.

Un altro trucco è chiamare il cameriere per nome. Sì lo so può sembrare difficile ma spesso i camerieri hanno il nome scritto sulla targhetta. Basta guardare attentamente e dire "grazie Luca potremmo avere un altro po' di pane?". Questo piccolo dettaglio dà l'impressione che tu sia stato lì altre volte che conosci il personale e che non sei un cliente qualsiasi. Se il cameriere non ha la targhetta puoi sempre chiedere il suo nome all'inizio e poi usarlo durante la serata. È un trucco semplice ma molto efficace.

Fai anche qualche commento sull'ambiente. Tipo "adoro l'atmosfera qui sembra perfetta per una serata rilassante" o "mi piace molto la selezione musicale sembra studiata apposta per creare la giusta atmosfera". Sono piccoli dettagli che mostrano che ti sei preso il tempo per notare il posto e che non sei lì solo per mangiare e andartene. Questo ti fa sembrare più coinvolto e dà l'impressione che tu abbia una certa familiarità con il locale.

E se vuoi davvero fare colpo impara qualcosa sul vino. Non devi diventare un sommelier ma sapere almeno cosa sta bene con il piatto che hai ordinato fa la differenza. Se hai ordinato carne rossa chiedi un vino rosso se hai ordinato pesce chiedi un bianco. È semplice ma dà l'idea che tu abbia un minimo di conoscenza. E se proprio non sai nulla di vini chiedi consiglio al cameriere. Dire qualcosa come "vorrei un vino che si abbini bene con questo piatto mi può consigliare?" mostra che sei interessato a fare la scelta giusta senza sembrare pretenzioso.

Un altro segreto è il linguaggio del corpo. Devi sembrare rilassato e sicuro di te. Non stare seduto troppo rigido non guardarti intorno come se fossi perso. Appoggia la schiena sulla sedia rilassati e goditi la serata. Se sembri a tuo agio lei si sentirà a suo agio. E se sembri uno che è stato in quel ristorante mille volte lei si sentirà in buone mani. L'idea è di farla sentire speciale e di farle capire che tu sai quello che stai facendo anche se dentro di te stai cercando di ricordare quale forchetta usare per l'antipasto.

Conclusione: La scelta che fa la differenza

Quindi per riassumere scegliere il ristorante giusto è fondamentale. Ogni tipo di ristorante manda un messaggio preciso e tu vuoi essere sicuro di mandare il messaggio giusto. Evita i ristoranti con porzioni minuscole a meno che tu non abbia già pianificato una seconda cena e cerca sempre di sembrare un habitué anche se è la tua prima volta. La chiave è prepararsi un minimo fare qualche ricerca e mostrare sicurezza. Non devi essere perfetto devi solo sembrare uno che sa quello che fa. E ricorda l'obiettivo è passare una serata piacevole non dimostrare di essere un esperto di cucina internazionale.

Quindi rilassati scegli un buon ristorante e goditi la serata. Alla fine lei non si ricorderà di quanto fosse grande la porzione ma di come si è sentita a cena con te. E se riesci a farla ridere e a farla sentire a suo agio hai già vinto.

Capitolo 3: L'Abbigliamento: Tra Eleganza e Sopravvivenza

Bene bene siamo arrivati a un altro punto cruciale: cosa indossare. Sì perché la scelta dell'outfit per una cena romantica è tanto importante quanto la scelta del ristorante. Vuoi sembrare alla moda senza sembrare un modello per una rivista e senza sembrare che ti sei preparato per un gala di beneficenza a Monaco. Insomma vuoi apparire al meglio ma con quella nonchalance che fa pensare "sono figo ma non mi sforzo troppo". Facile a dirsi un po' meno a farsi ma ci sono dei trucchetti per riuscirci.

Come sembrare alla moda senza sembrare un modello per una rivista

Partiamo dall'idea di sembrare alla moda. Non c'è bisogno di vestirsi con l'ultima collezione di un designer famoso per fare bella figura. Il trucco sta nel sapere come combinare i capi giusti per creare un look che sia elegante ma anche rilassato. Prima di tutto non esagerare con i capi firmati. Non hai bisogno di indossare un'intera collezione di Gucci per dimostrare che hai stile. Anzi l'effetto potrebbe essere l'opposto. Un outfit troppo ricco di loghi e dettagli vistosi rischia di sembrare un tentativo disperato di impressionare. Invece scegli un look sobrio che abbia qualche elemento particolare che faccia capire che hai gusto ma senza gridarlo ai quattro venti.

Una giacca ben tagliata è sempre una scelta vincente. Dona eleganza senza risultare troppo formale e puoi abbinarla sia con una camicia per un tocco raffinato sia con una t-shirt se vuoi mantenere un'aria più casual. I jeans sono perfetti ma assicurati che siano puliti e di buona qualità. Evita quelli strappati a meno che la serata non finisca a un concerto rock. Le scarpe sono un dettaglio fondamentale. Lascia a casa le sneakers da palestra così come le scarpe troppo eleganti e lucide da cerimonia. Opta invece per un paio di scarpe casual ma curate che siano in buone condizioni. Non devono essere costose ma devono comunicare che ci tieni alla tua presentazione.

I colori che mettono a proprio agio (e quelli che ti rendono un semaforo umano)

Passiamo ai colori. Sì perché anche i colori che scegli dicono molto di te e influenzano l'atmosfera della serata. Ci sono colori che mettono a proprio agio e altri che invece fanno sembrare che tu stia cercando di fermare il traffico. Partiamo con i colori neutri. Blu grigio beige sono colori che vanno sempre bene. Trasmettono tranquillità e sicurezza senza essere invadenti. Il blu in particolare è un colore che piace quasi a tutti e che comunica fiducia e affidabilità. È perfetto per una cena romantica perché ti fa sembrare rilassato ma allo stesso tempo curato. Il grigio è un altro colore versatile che puoi abbinare praticamente con tutto e che ti dà un'aria sofisticata senza troppa fatica.

Evita invece colori troppo accesi a meno che tu non sia davvero sicuro di poterli portare con stile. Il rosso ad esempio è un colore molto potente ma va usato con cautela. Se lo indossi nel modo giusto può trasmettere passione e sicurezza ma se esageri rischi di sembrare un cartello stradale. Anche il giallo e l'arancione sono colori difficili. Possono dare un tocco di originalità ma se non li abbini bene rischi di sembrare un semaforo umano. Se proprio vuoi aggiungere un tocco di colore fallo con gli accessori. Una sciarpa una cintura o un fazzoletto da taschino possono essere il modo giusto per aggiungere un po' di vivacità senza esagerare.

Un altro colore da considerare è il nero. Il nero è sempre elegante e non sbaglia mai ma attenzione a non sembrare troppo cupo. Se indossi il nero cerca di spezzare con qualche dettaglio chiaro o colorato per evitare di sembrare un becchino. Il nero è perfetto per una giacca o per le scarpe ma magari evita il total black a meno che tu non stia puntando a un look molto particolare. La chiave è trovare un equilibrio tra eleganza e spontaneità. Non vuoi sembrare uno che ha passato due ore davanti allo specchio ma neanche uno che ha scelto i primi vestiti trovati per terra.

Evitare il "troppo": un equilibrio delicato tra profumo e deodorante

E ora passiamo a un argomento delicato: il profumo. Già, il profumo. Quella sottile linea tra il seducente e il soffocante. Voglio essere chiaro non c'è nulla di male nell'usare un buon profumo ma la parola d'ordine è moderazione. Non vuoi che lei si senta come se fosse entrata in una profumeria appena si avvicina a te. Un paio di spruzzi sono più che sufficienti. Scegli una fragranza che ti piace ma che non sia troppo invasiva. Qualcosa di fresco qualcosa di leggero che possa essere percepito solo quando si è vicini. Il profumo deve essere una scoperta non un pugno in faccia.

E poi c'è il deodorante. Il deodorante è fondamentale non c'è bisogno di dirlo ma anche qui attenzione a non esagerare. Non vuoi che il tuo odore personale sia una combinazione di profumo e deodorante che lotta per la supremazia. Scegli un deodorante neutro che faccia il suo lavoro senza lasciare un'aura profumata troppo intensa. L'ideale è che il profumo e il deodorante lavorino insieme in armonia senza che uno sovrasti l'altro. E per favore evita quei deodoranti che promettono protezione per 72 ore e che hanno un odore così forte da poter essere usati come repellente per zanzare.

Un altro aspetto da considerare è la freschezza. Sì lo so sembra ovvio ma è bene ricordarlo. Assicurati di essere fresco e pulito prima della cena. Niente batte una buona doccia e dei vestiti puliti. Il profumo e il deodorante sono solo dei complementi non devono coprire odori strani. Se ti senti fresco e pulito ti sentirai anche più sicuro di te e questo si rifletterà sul tuo comportamento. La sicurezza in sé stessi è la cosa più attraente che puoi indossare e una buona igiene è la base per sentirti a tuo agio.

Conclusione: Vestirsi per Piacere (e per Piacersi)

Per concludere la scelta dell'outfit per una cena romantica è una questione di equilibrio. Vuoi sembrare alla moda ma senza esagerare vuoi scegliere colori che ti mettano a tuo agio senza sembrare un clown e vuoi usare il profumo e il deodorante con moderazione. Il segreto è sembrare curato e sicuro di te ma senza sembrare che ti sia impegnato troppo. L'equilibrio tra eleganza e semplicità è quello che ti farà sentire al meglio e che farà sì che anche lei si senta a proprio agio.

Ricorda che l'obiettivo della serata è divertirsi e conoscersi meglio non impressionare con il tuo guardaroba. Se ti senti a tuo agio con quello che indossi lei lo noterà e si sentirà a sua volta rilassata. Quindi niente panico fai un respiro profondo scegli un outfit che ti faccia sentire bene e vai a goderti la serata. Alla fine non sarà il colore della tua giacca o la marca delle tue scarpe a fare la differenza ma il modo in cui la fai sentire. E se riesci a farla ridere e a passare una bella serata insieme hai già fatto centro.

Capitolo 4: L'Incontro: Primo Contatto

Siamo arrivati al momento tanto atteso del primo incontro, quello in cui tutte le tue preparazioni, ansie e sogni di una serata perfetta vengono messi alla prova. Qui si gioca la prima impressione che può farti guadagnare punti o farti scivolare nel limbo dei "forse ci vediamo un'altra volta". È un momento cruciale e pieno di potenziale, ma anche di insidie, quindi vediamo insieme come affrontare questo primo contatto senza sembrare un disastro ambulante e come trasformarlo in un'opportunità per creare una connessione autentica e memorabile.

Essere puntuale senza sembrare uno stalker

La puntualità è importante, ma attenzione: essere puntuale non significa arrivare con mezz'ora di anticipo e appostarti fuori dal ristorante come un detective sotto copertura. Nessuno vuole essere sorpreso da qualcuno che è lì da troppo tempo, perché potrebbe sembrare strano e far pensare che non hai nient'altro da fare nella vita. La chiave è trovare il giusto equilibrio: cinque minuti di anticipo sono perfetti. Ti danno il tempo di raccogliere i pensieri, di respirare profondamente e di prepararti senza sembrare uno che ha passato la giornata a contare i minuti e a controllare l'orologio ogni cinque secondi.

Arrivare troppo presto rischia di darti quell'aria troppo ansiosa e appiccicosa, mentre arrivare tardi invece è fuori discussione: nessuno vuole aspettare, soprattutto se è già nervoso per l'incontro. Il ritardo comunica disinteresse, mancanza di organizzazione e, diciamocelo, un pizzico di maleducazione. Meglio aspettare cinque minuti nel parcheggio che rischiare di far aspettare lei al tavolo, magari mentre guarda il menu con un'espressione incerta. Puntualità significa rispetto e il rispetto è la base per un buon primo incontro.

Arrivare cinque minuti prima ti permette anche di familiarizzare con l'ambiente, di controllare che tutto sia in ordine: il tavolo è quello giusto, il ristorante ha l'atmosfera che speravi, non ci sono sorprese indesiderate. Tutto questo ti aiuta a sentirti più rilassato quando finalmente arriva, così puoi accoglierla con un sorriso sincero e trasmetterle l'idea che sei in controllo della situazione senza essere troppo rigido o programmato. Mostrare che hai preso cura dei dettagli è un segnale che hai investito tempo ed energie per far sì che la serata sia perfetta, o almeno per mettercela tutta. Questo è quello che conta.

Come gestire la stretta di mano, l'abbraccio o il bacio sulla guancia (un dilemma esistenziale)

E ora arriviamo al fatidico momento del saluto iniziale: stretta di mano, abbraccio o bacio sulla guancia? Ah, il grande dilemma esistenziale del primo incontro. Ogni opzione ha i suoi pro e contro e non esiste una regola universale che vada bene per tutte le situazioni. La scelta dipende molto dal contesto, dalla persona che hai davanti e anche dall'atmosfera che si è creata. Se c'è un'atmosfera più formale o se non siete ancora del tutto a vostro agio, la stretta di mano può essere la scelta giusta: semplice, rispettosa, non troppo invasiva. Attenzione però a non stringere troppo forte o troppo piano. Una stretta di mano troppo floscia può sembrare una doccia fredda, mentre una troppo vigorosa potrebbe farle pensare che tu stia cercando di affermare una qualche forma di potere. La giusta stretta di mano deve essere decisa, ma non aggressiva, e accompagnata da un sorriso caldo.

Se invece l'atmosfera è più rilassata, o avete già avuto qualche contatto informale, l'abbraccio può essere un'opzione valida. Ma occhio: l'abbraccio deve essere breve e delicato, giusto un tocco per farle capire che sei felice di vederla, senza sembrare eccessivo. Non è il momento di avvolgerla come se fosse il ritorno di un vecchio amico che non vedevi da anni. Un abbraccio troppo stretto o troppo lungo può metterla a disagio, quindi meglio essere delicati e rapidi. L'importante è che l'abbraccio sia sincero e comunichi affetto senza invadere lo spazio personale. L'abbraccio fatto bene è come un buon caffè: deve riscaldare, ma non bruciare.

Poi c'è il bacio sulla guancia, ed è qui che iniziano le vere sfide. Uno o due baci? A quale guancia andare per prima? È come cercare di risolvere un enigma matematico in una frazione di secondo, e sbagliare potrebbe portare a un momento imbarazzante. La cosa migliore da fare è seguire il suo linguaggio del corpo. Se lei si avvicina con naturalezza per un bacio sulla guancia, segui il flusso. Se invece sembra mantenere una certa distanza, forse è meglio optare per un saluto meno intimo. Se vi ritrovate in quel momento goffo in cui entrambi andate nella direzione sbagliata, non farti prendere dal panico. Sorridi e magari fai una battuta del tipo "Siamo fuori sincrono". L'importante è non farne un dramma. La capacità di ridere di un piccolo imprevisto è ciò che rende il momento autentico e ti permette di rilassarti.

Non dimenticare che ogni persona ha il suo livello di comfort quando si tratta di contatto fisico, e saper interpretare il linguaggio del corpo è fondamentale. Se lei sembra timida o un po' nervosa, meglio andare sul sicuro e non essere troppo espansivo. Se invece ti dà segnali di apertura, allora puoi azzardare un po' di più. La chiave è saper ascoltare non solo con le orecchie ma anche con gli occhi. Osservare il suo comportamento ti darà indicazioni su come muoverti e su come gestire il contatto fisico. Non devi avere fretta e non devi forzare nulla: lascia che le cose accadano in modo naturale, senza creare situazioni che potrebbero metterla a disagio.

Rompere il ghiaccio: il potere dei piccoli complimenti (e quando non farli)

Dopo il saluto iniziale, arriva il momento di rompere il ghiaccio. E qui entrano in gioco i piccoli complimenti. Un complimento ben fatto può davvero fare miracoli per sciogliere la tensione e far partire la serata con il piede giusto, ma attenzione: il complimento deve essere sincero e moderato. Non serve esagerare, anzi esagerare rischia di creare l'effetto opposto e metterla a disagio. Un piccolo complimento sul suo sorriso o sul suo stile è perfetto. Ad esempio puoi dire "Hai un bel sorriso" oppure "Mi piace molto come hai scelto l'abito stasera". L'importante è che il complimento non sembri studiato a tavolino. Deve essere naturale, spontaneo e non troppo invadente. Non c'è niente di peggio di un complimento che suona finto o troppo calcolato: è come cercare di impressionare con una poesia imparata a memoria senza comprenderne davvero il significato.

Evita complimenti troppo personali o esagerati, soprattutto al primo incontro. Dire qualcosa come "Sei la ragazza più bella che abbia mai visto" rischia di sembrare falso, e potrebbe metterla a disagio, dando l'idea che tu stia cercando di conquistare punti bonus a ogni costo. Non c'è bisogno di essere teatrali per fare una buona impressione. La semplicità paga sempre, e un complimento genuino e ben piazzato farà molto più effetto di una frase pomposa che sembra uscita da un film romantico di serie B. Il complimento deve essere un piccolo dono che aggiunge qualcosa di positivo alla conversazione senza farla sentire sotto pressione o eccessivamente osservata.

E poi c'è il quando non fare un complimento. Se vedi che è un po' nervosa o sembra a disagio, meglio evitare di fare subito un complimento sul suo aspetto fisico. Potrebbe interpretarlo come un'ulteriore pressione, invece di un gesto gentile. In questi momenti, meglio concentrarsi su qualcosa di neutro o sul contesto. Ad esempio, puoi fare un commento sull'ambiente del ristorante, sulla musica, o su quanto sia piacevole trovarsi finalmente lì dopo aver organizzato la serata. Il punto è farla sentire a proprio agio, non metterla sotto i riflettori. Il complimento deve essere un elemento che arricchisce la conversazione, non un'arma per impressionarla.

Se per caso fai un complimento e ti rendi conto che non è stato preso nel modo giusto, niente panico. Sorridi e cambia argomento con leggerezza. Mostrare che non ti prendi troppo sul serio e che sei disposto ad adattarti alla situazione è molto più importante del cercare di essere perfetto. Le persone si sentono a proprio agio con chi è umano, con chi sa riconoscere e accettare i propri errori, e non con chi cerca di essere impeccabile a tutti i costi. Quindi rilassati, prendi un respiro profondo e lascia che il momento si sviluppi naturalmente. La chiave è essere autentico. Se il complimento non è stato accolto come speravi, va bene lo stesso: non insistere, non cercare di giustificarti troppo, semplicemente vai avanti con la serata.

Un altro modo efficace per rompere il ghiaccio è trovare un terreno comune. Se noti qualcosa di interessante nella conversazione o se scopri che avete qualcosa in comune, sfruttalo. Parlare di un interesse condiviso, di una passione o di qualcosa di divertente che avete entrambi vissuto può aiutare a creare una connessione. Ad esempio, se scopri che amate entrambi un certo tipo di musica o un film particolare, puoi utilizzare questo per avviare una conversazione rilassata e senza troppe aspettative. Trovare un argomento che vi accomuna è uno dei modi più efficaci per rompere il ghiaccio e rendere l'atmosfera più distesa. Quando c'è un interesse comune, la conversazione fluisce naturalmente, e questo aiuta a creare un legame più autentico.

Conclusione: Il Primo Contatto come Un'Equazione Senza Soluzione Esatta

Il primo incontro è come una danza complessa. Ci sono passi da seguire, ma non esiste una coreografia giusta per tutti. Ogni persona e ogni situazione sono diverse, e la cosa più importante è sapersi adattare con calma e un po' di ironia. Essere puntuali senza sembrare uno stalker, gestire il saluto iniziale senza panico, e usare i complimenti con moderazione sono tutti elementi che possono fare la differenza. Ma ciò che conta davvero è come ti poni: essere genuino, ridere degli imprevisti e creare un'atmosfera piacevole. Se riesci a farla sentire a suo agio, hai già vinto metà della battaglia.

Ricorda che il primo incontro è solo l'inizio: non devi dimostrare tutto in una sera, non devi essere perfetto, devi solo essere presente e aperto a conoscerla. Gli errori, piccoli o grandi, sono inevitabili, ma la capacità di affrontarli con un sorriso e trasformarli in momenti divertenti è ciò che farà la differenza. La serata non deve essere perfetta, deve essere autentica, e deve far emergere il meglio di entrambi. Quindi rilassati, sorridi e goditi ogni momento. Se riuscirai a farla sentire a suo agio, a creare una connessione e a mostrarle che sei davvero interessato a conoscerla, allora avrai fatto un ottimo lavoro.

Capitolo 5: Conversazioni da Tavola: Non Solo Chiacchiere

Ed eccoci arrivati al momento della cena, seduti al tavolo con un bicchiere di vino in mano e un menu tra le mani. Ora che hai superato il primo impatto, il saluto iniziale e il momento imbarazzante dell'ordinazione, arriva la parte cruciale: la conversazione vera e propria. È qui che la serata può diventare speciale, divertente, memorabile oppure trasformarsi in un disastro imbarazzante. Per evitare che la tua cena romantica prenda una brutta piega, è importante sapere di cosa parlare e, soprattutto, di cosa non parlare. Vediamo insieme come affrontare al meglio le conversazioni da tavola, rendendole piacevoli e leggere, senza sembrare troppo studiato o noioso.

Evitare i discorsi su politica, ex e UFO

Partiamo da ciò che devi assolutamente evitare: politica, ex e UFO. Questi sono i tre argomenti più pericolosi che puoi affrontare. La politica è un campo minato, una vera trappola che rischia di trasformare una cena romantica in un dibattito infuocato. Anche se condividete le stesse opinioni, la politica è un argomento divisivo e può facilmente creare tensione. Tensione è esattamente ciò che vuoi evitare. La cena dovrebbe essere rilassante, leggera e divertente, non un'arena per dibattiti politici.

Poi ci sono gli ex. Ah, gli ex, quei simpatici fantasmi che sembrano sempre voler fare un salto al momento sbagliato. Parlarne è come evocare uno spettro in una seduta spiritica: una volta che il fantasma è arrivato, è difficile mandarlo via senza lasciare dietro di sé un po' di gelo. E diciamocelo, nessuno vuole fantasmi al tavolo durante una cena romantica. Non importa quanto tu possa essere curioso del suo passato o quanto pensi che sia interessante condividere il tuo: gli ex devono restare fuori dalla conversazione. Pensaci, chi vuole passare una bella serata romantica pensando a storie passate, errori e vecchie relazioni? Accennare agli ex è come aprire un vecchio libro pieno di note tristi e confronti imbarazzanti. Rischia di portare a confronti inutili, a momenti di puro imbarazzo o, peggio ancora, a far sentire l'altra persona non abbastanza importante. Non c'è niente di peggio che trovarsi a competere con un ricordo che nemmeno si può vedere. La cena deve essere un'occasione per conoscersi e creare un legame, non per rivangare storie passate che ormai dovrebbero stare sepolte in un cassetto chiuso a chiave. Quindi, se vuoi mantenere un'atmosfera piacevole e senza intoppi, lascia gli ex fuori dalla porta del ristorante. Magari scrivi pure un cartello immaginario all'ingresso del locale: "Vietato l'ingresso ai fantasmi del passato". Così non corri il rischio che uno di loro si presenti all'improvviso e rovini la magia del momento.

Infine, gli UFO. Potresti pensare che questo sia un argomento leggero e divertente, ma fidati, può facilmente andare storto. Se lei è scettica, potrebbe pensare che tu sia un po' strano. Se invece è una persona che crede agli UFO, potresti ritrovarti in una discussione infinita sui misteri dell'universo. E diciamocelo, parlare di alieni al primo appuntamento non è esattamente il modo migliore per creare un'atmosfera romantica. Quindi, evita anche questo argomento e concentrati su qualcosa di più terreno e meno controverso.

Come fingere interesse genuino: l'arte del sorriso e del cenno

Non tutte le conversazioni saranno entusiasmanti, e questo è del tutto normale. A volte lei potrebbe raccontarti qualcosa di cui non sai nulla, come la sua passione per l'origami o la sua collezione di tappi di bottiglia, o che semplicemente non ti interessa particolarmente, tipo i dettagli della dieta del suo gatto. Ma questo non significa che devi spegnerti o sembrare annoiato. È proprio qui che entra in gioco l'arte del fingere interesse genuino, che non è altro che l'abilità di mostrare rispetto e attenzione verso ciò che l'altra persona sta dicendo, anche se non è il tuo argomento preferito.

Pensa a questa abilità come a un superpotere tipo essere un supereroe della conversazione. Non stai solo ascoltando, stai creando un momento piacevole, stai mostrando empatia e facendo capire all'altra persona che quello che ha da dire ha valore per te. Il trucco sta nel saper dosare espressioni e reazioni: il sorriso al momento giusto, il cenno del capo con quell'aria da "ah, davvero? Che interessante!" e magari qualche domanda ben piazzata per approfondire il discorso. Anche se dentro di te stai pensando che non sapevi che esistessero così tanti tipi di lettiere per gatti, fuori devi sembrare interessato come se ti stesse raccontando l'ultima scoperta scientifica del secolo.

Fingere interesse genuino è come partecipare a una recita, ma senza farlo sembrare finto. Devi trovare il giusto equilibrio tra l'essere presente e il non sembrare troppo esagerato. Un sorriso leggero ogni tanto è sufficiente. Non devi avere un sorriso fisso da pubblicità di dentifricio, perché potrebbe sembrare un po' inquietante, ma un sorriso qua e là, soprattutto quando lei racconta qualcosa di divertente o significativo, è il modo perfetto per farle capire che sei lì, presente, pronto ad ascoltare.

Poi c'è il cenno del capo, il migliore alleato di chi cerca di sembrare interessato. Il cenno è potente: un piccolo movimento del capo può trasmettere un sacco di informazioni. Un "sto seguendo", un "mi interessa" e un "continua pure" tutto in un solo gesto. Attenzione però a non trasformarti in un pupazzo a molla che annuisce a ogni frase: devi farlo con naturalezza. Il trucco è annuire solo quando ha senso, magari aggiungendo un "davvero?" o un "ah, capisco" per far capire che sei coinvolto. Se lei ti sta spiegando la differenza tra i vari tipi di yoga, tu annuisci e dici "Interessante, non avevo idea ci fossero così tante varianti". È semplice, ma funziona.

Un altro aspetto fondamentale per sembrare interessato è fare domande. Non devono essere domande complicate: anche una semplice "E com'è che hai iniziato a interessarti a questa cosa?" può fare miracoli. Le domande sono un ottimo modo per far capire che sei curioso, che ti importa quello che dice e che vuoi saperne di più. Anche se in realtà stai cercando solo di sopravvivere alla conversazione, dimostrare interesse ti fa guadagnare punti e la fa sentire apprezzata. L'importante è non fare domande troppo personali o invasive, perché potrebbe sentirsi messa alle strette. Trova il giusto equilibrio tra curiosità e rispetto, e vedrai che la conversazione filerà liscia senza intoppi.

Il primo trucco è il sorriso. Sorridere mentre lei parla è un modo semplice ed efficace per farle capire che sei presente e che la stai ascoltando. Non devi esagerare con un sorriso fisso da pubblicità di dentifricio, basta un sorriso leggero ogni tanto, specialmente quando lei dice qualcosa di divertente o importante. Il sorriso comunica empatia e ti fa sembrare una persona positiva, e questo è un punto a tuo favore. Un sorriso può fare molto per creare un'atmosfera rilassata e farla sentire a proprio agio. Ricorda, il sorriso è un linguaggio universale e può dire molto di più di mille parole.

Aneddoti divertenti da tenere pronti (ma non esagerare, non sei a uno spettacolo di cabaret)

Le conversazioni da tavola non devono essere solo fatte di ascolto e cenni del capo. Anche tu devi contribuire, e qui entrano in gioco gli aneddoti divertenti. Avere qualche storia simpatica pronta può essere un ottimo modo per rompere il ghiaccio, farla ridere e creare un'atmosfera leggera. Ma attenzione: non devi esagerare. Non sei su un palco di cabaret, e non è necessario riempire ogni minuto di battute e racconti. L'importante è trovare un equilibrio tra il raccontare qualcosa di divertente e lasciare spazio anche a lei per parlare.

Gli aneddoti migliori sono quelli che parlano di situazioni quotidiane in cui ti sei trovato in situazioni buffe o imbarazzanti. Ad esempio, una volta in cui hai cercato di cucinare qualcosa e hai finito per bruciare tutto, o quella volta in cui hai scambiato un perfetto sconosciuto per un tuo amico e hai iniziato a parlargli come se lo conoscessi da anni. Questi tipi di storie funzionano bene perché sono umane, mostrano il tuo lato vulnerabile e, soprattutto, fanno ridere senza sembrare troppo costruite. La vulnerabilità è un aspetto che spesso viene apprezzato perché mostra che non prendi te stesso troppo sul serio e che sai ridere dei tuoi errori.

Un'altra cosa importante da ricordare è che gli aneddoti non devono essere troppo lunghi. Nessuno vuole ascoltare una storia che dura dieci minuti e che sembra non finire mai. Sii breve e conciso, vai dritto al punto e cerca di rendere la storia coinvolgente ma senza esagerare. E, soprattutto, assicurati che la storia sia appropriata per il contesto. Evita aneddoti che potrebbero essere troppo volgari o che potrebbero metterla a disagio. L'obiettivo è farla sorridere e creare un'atmosfera rilassata, non farla sentire a disagio o mettere in discussione il perché sia uscita con te. Ricorda che gli aneddoti migliori sono quelli che creano un senso di condivisione e che permettono di costruire una connessione.

Non è necessario avere sempre una storia pronta. A volte basta fare una battuta su qualcosa che sta succedendo intorno a voi, o commentare un piatto che avete ordinato. L'umorismo migliore è spesso quello spontaneo, quello che nasce dal momento. Quindi non sentirti sotto pressione per essere sempre divertente o per avere sempre qualcosa da raccontare. La cosa più importante è essere te stesso e cercare di creare un'atmosfera piacevole e rilassata. L'umorismo improvvisato, basato su quello che accade durante la serata, è spesso quello che funziona meglio perché non sembra preparato e rende tutto più autentico. Se riesci a farla ridere con una battuta spontanea su qualcosa che accade sul momento, hai già fatto metà del lavoro.

Conclusione: Conversazioni da Tavola: Non Solo Chiacchiere

In conclusione, le conversazioni da tavola non sono solo chiacchiere. Sono un modo per conoscersi, per creare una connessione e per far sì che la serata sia piacevole per entrambi.

Evita gli argomenti pericolosi come politica, ex e UFO, e concentrati su cose più leggere e interessanti. Se un argomento non ti appassiona, fingi interesse con l'arte del sorriso e del cenno, e fai domande per mantenere viva la conversazione. E non dimenticare di avere qualche aneddoto divertente pronto, ma senza esagerare. Non sei a uno spettacolo di cabaret, sei a una cena romantica, e l'obiettivo è creare un'atmosfera rilassata e piacevole per entrambi. Quindi rilassati, sorridi, ascolta e condividi. Se riesci a farla ridere, a creare un'atmosfera di complicità e a farle sentire che sei realmente interessato a conoscerla, avrai fatto colpo. E se tutto va bene, alla fine della serata avrai passato un bel momento insieme e, magari, avrai anche gettato le basi per un secondo appuntamento.

Capitolo 6: Il Menu: Una Giungla di Opzioni

Ed eccoci arrivati alla fase in cui devi affrontare la bestia: il menu. Sei lì seduto al tavolo, il cameriere ti porge quella lista infinita di opzioni e in quel momento ti rendi conto che scegliere potrebbe segnare la differenza tra una serata memorabile o un disastro gastronomico totale. Sì perché scegliere dal menu sembra una cosa semplice, ma in realtà è una vera sfida epica, quasi come partecipare a un gioco a premi senza sapere le regole. Se fai la scelta giusta potresti apparire sofisticato e sicuro di te, ma se sbagli potresti ritrovarti a lottare contro un piatto di tentacoli con un nome impronunciabile mentre cerchi di mantenere una parvenza di dignità.

In questo capitolo ti guiderò tra i pericoli del menu, aiutandoti a navigare tra scelte difficili e potenziali figuracce. Scegliere cosa mangiare senza sembrare un orso affamato, evitare di ordinare qualcosa di impronunciabile e capire se è il caso di proporre di condividere un antipasto sono tutte arti che, se ben padroneggiate, possono trasformare una cena in un'esperienza divertente e leggera. Quindi, siediti comodo, prendi fiato e preparati a scoprire tutti i segreti per affrontare il menu come un vero professionista. Vediamolo insieme.

Scegliere qualcosa che puoi mangiare senza sembrare un orso affamato

Scegliere cosa mangiare in un ristorante soprattutto in un appuntamento è un'arte. Non vuoi ordinare qualcosa che ti faccia sembrare un orso affamato appena svegliatosi dal letargo. Quindi la prima regola è evitare piatti che richiedano di usare troppo le mani o che siano troppo complicati da gestire. Immagina il disastro di ordinare costine di maiale e ritrovarti con la salsa sparsa su tutto il viso mentre cerchi di mantenere una conversazione sensata. La scena sarebbe degna di un film comico, con te che cerchi di pulirti con il tovagliolo mentre lei ti guarda cercando di non ridere troppo forte. No, meglio evitare.

Punta su piatti che puoi mangiare con facilità, che ti permettano di mantenere un po' di eleganza. Qualcosa come un piatto di pasta o un risotto sono sempre scelte sicure. Ma attenzione, anche qui bisogna fare una distinzione: non vuoi scegliere spaghetti troppo lunghi che rischiano di schizzarti la salsa addosso trasformandoti in una tela di Jackson Pollock. Immagina la scena, cerchi di arrotolare gli spaghetti sulla forchetta e mentre li porti alla bocca un filo di sugo parte a velocità supersonica e atterra sulla tua camicia immacolata. Non proprio l'immagine che vuoi dare al primo appuntamento. Meglio optare per tagliatelle o una pasta corta, qualcosa che puoi gestire senza sembrare un contorsionista che lotta con una piovra di farina e acqua.

E non dimentichiamo le insalate. Ah, le insalate. Sembrano sempre un'opzione leggera e salutare ma alcune di loro sono delle vere e proprie trappole. Evita quelle gigantesche insalate che sembrano uscire da una giungla tropicale, piene di foglie che richiedono una laurea in ingegneria per essere tagliate. Finisci per sembrare un esploratore in mezzo alla foresta con il coltello in mano mentre cerchi di tagliare quella maledetta foglia di radicchio che sembra fatta di kevlar. E poi c'è sempre quella fetta di cetriolo che decide di scivolare fuori dal piatto e atterrare direttamente sulla tovaglia, magari facendo un salto sul tuo grembo lungo il percorso. Meglio evitare.

La chiave è trovare un equilibrio. Scegli qualcosa che puoi mangiare con una forchetta senza doverci pensare troppo. Vuoi sembrare rilassato, a tuo agio, e non un personaggio da cartoon che combatte contro il proprio piatto. Vuoi poter conversare e ridere senza preoccuparti di dove sia finito l'ultimo pezzo di lattuga o di come gestire un grissino troppo croccante che si spezza a metà al primo morso mandando briciole ovunque. Insomma, scegli qualcosa che ti permetta di essere elegante e tranquillo, perché in fondo l'obiettivo è goderti la serata senza trasformarla in un episodio di "Giochi senza Frontiere".

Come evitare di ordinare qualcosa che non sai pronunciare

Ed eccoci arrivati al momento in cui sfogli il menu e ti trovi davanti a parole che sembrano venire da un libro di incantesimi. Nomi di piatti scritti in una lingua aliena parole che non hai mai visto prima e che sicuramente non sai come pronunciare. Ora capisco la tentazione di fare il figo e ordinare qualcosa di super esotico per fare colpo ma fidati la figuraccia è dietro l'angolo. Non c'è niente di peggio di cercare di ordinare un "coq au vin" e finire per balbettare qualcosa di incomprensibile davanti al cameriere e alla tua accompagnatrice.

Il trucco qui è molto semplice: non complicarti la vita. Se vedi un piatto che non sai pronunciare lasciatelo stare. Non è il momento di mostrare il tuo lato avventuroso. Puoi sempre scegliere qualcosa di più semplice che sai come dire senza sembrare che tu stia cercando di recitare una formula magica. In alternativa se proprio vuoi provare quel piatto dal nome impronunciabile puoi usare una tecnica furba: indica il piatto sul menu. Basta dire al cameriere "Prendo questo grazie" accompagnato da un sorriso. È semplice elegante e ti evita di sembrare un turista perso in un paese straniero.

E se proprio vuoi toglierti la curiosità e sapere come si pronuncia puoi chiedere al cameriere con un po' di ironia: "Come si pronuncia? Non voglio rovinare questo splendido nome!". Mostrare autoironia è sempre un punto a favore. Ti farà sembrare una persona sicura di sé che non ha paura di prendersi un po' in giro e ti eviterà l'umiliazione di inventare suoni a caso sperando che il cameriere capisca.

"Condividiamo un antipasto?": guida al gioco delle aspettative

Ah il momento degli antipasti. È qui che si gioca una delle carte più delicate della serata. Proporre di condividere un antipasto può sembrare un'idea romantica un modo per creare complicità fin dai primi istanti. Ma attenzione perché il gioco delle aspettative può essere complicato. Non vuoi sembrare troppo insistente ma allo stesso tempo vuoi mostrare che sei aperto a condividere l'esperienza culinaria. Quindi come fare?

Innanzitutto fai la proposta in modo leggero senza farla sembrare una questione di vita o di morte. "Ti va di condividere un antipasto?" è una domanda semplice e senza impegno. Se lei accetta bene avete rotto il ghiaccio e avete già qualcosa di cui parlare: l'antipasto stesso. Se lei rifiuta non farne un dramma. Non è il caso di insistere o di farla sentire obbligata. L'idea è di farle capire che sei aperto a condividere ma che non hai aspettative troppo rigide.

Ma cosa succede se lei accetta e poi al momento di scegliere entrate in una giungla di opzioni? È qui che devi mostrare il tuo lato diplomatico. Cerca di capire cosa potrebbe piacere a entrambi. Non vuoi ritrovarti a ordinare qualcosa che a te non piace per niente o peggio qualcosa che lei non può mangiare perché intollerante o allergica. Quindi chiedile cosa preferisce ascolta le sue proposte e cerca un compromesso. Se lei ama il formaggio e tu no meglio evitare quella fonduta di gorgonzola e optare per qualcosa di più neutro. L'obiettivo è trovare un terreno comune che vi faccia sentire entrambi a vostro agio.

E poi c'è la questione della quantità. Condividere un antipasto può essere complicato quando le porzioni sono troppo piccole. Immagina di ricevere due mini crostini e dover fare a metà con una sola oliva. In questi casi la chiave è non farne un dramma. Se l'antipasto è minuscolo fai una battuta del tipo "Beh almeno non dovremo preoccuparci di saziarci troppo prima del piatto principale!". L'idea è di mantenere un'atmosfera leggera di ridere insieme delle piccole difficoltà e di godersi il momento anche se il piatto non è esattamente quello che ti aspettavi.

Condividere un antipasto è anche un modo per rompere il ghiaccio e mostrare il tuo lato più spontaneo. Se riesci a gestire la situazione con leggerezza senza prendere troppo sul serio il menu e senza mostrare troppa ansia da prestazione lei si sentirà a suo agio e vedrà che sei una persona che sa adattarsi. In fondo la cena non è una gara a chi sceglie meglio dal menu ma un'occasione per passare del tempo insieme ridere condividere e creare dei bei ricordi.

Conclusione: Il Menu: Una Giungla di Opzioni

In conclusione scegliere dal menu può sembrare una cosa semplice ma in realtà è un vero campo minato soprattutto durante un appuntamento. Devi scegliere qualcosa che ti permetta di mantenere un po' di eleganza senza sembrare un orso affamato evitare di ordinare piatti che non sai pronunciare per non rischiare figuracce e gestire il delicato equilibrio del condividere un antipasto. La chiave di tutto è mantenere la calma non prendersi troppo sul serio e soprattutto ricordare che l'obiettivo della serata non è il cibo ma la compagnia. Quindi rilassati sorridi e goditi la cena perché alla fine quello che conta davvero è il tempo che passi con lei e come riesci a farla sentire speciale.

Capitolo 7: L'Arte del Bon Ton a Tavola

Benvenuti al settimo capitolo della guida alla sopravvivenza degli appuntamenti. Qui affrontiamo una delle sfide più grandi della cena: il bon ton a tavola. Le regole di galateo non sono solo per nobili, ma anche per chi cerca di fare colpo senza sembrare un cavernicolo. Spesso facciamo finta di conoscere queste regole, mentre cerchiamo disperatamente di ricordare se il coltello va a destra o a sinistra. Non preoccuparti, sei nel posto giusto per imparare tutto ciò che serve per evitare brutte figure. Questo capitolo è dedicato a quelle piccole cose che fanno una grande differenza: evitare incidenti, affrontare situazioni imbarazzanti e persino come mangiare sushi senza sembrare un dilettante. Prepara il tovagliolo, si parte.

Le regole di galateo che tutti fingono di conoscere

Ammettiamolo: le regole del galateo ci fanno un po' sorridere. Chi ha deciso che la forchetta va a sinistra e il coltello a destra? Molti di noi seguono queste regole per evitare di sembrare selvaggi, ma spesso improvvisiamo. Non c'è nulla di male, ma per fare colpo è utile conoscere almeno le basi.

Partiamo dalle posate. Le posate sono come i pezzi di un puzzle: ognuna ha il suo posto e la sua funzione. La regola è partire dall'esterno e lavorare verso l'interno. Se hai davanti tre forchette, non farti prendere dal panico. Inizia da quella più esterna per l'antipasto e procedi verso l'interno. Nessuno ti giudicherà se sbagli, ma fare tutto bene può farti sembrare sofisticato.

Poi c'è il tovagliolo. Non è un accessorio per il collo, quindi evita di legarlo come se fossi pronto a mangiare un'aragosta gigante. Posizionalo sulle gambe e usalo con discrezione per pulirti le labbra. Trattalo con rispetto e riponilo con grazia sul tavolo se devi alzarti. Non buttarlo sul piatto come se stessi lanciando la spugna dopo una sconfitta.

Parliamo anche del vino. Se il cameriere ti offre di assaggiare il vino, non annusarlo come se stessi cercando di scoprire un segreto. Basta un piccolo sorso e un cenno di approvazione. Non serve fare discorsi sulle note aromatiche, a meno che tu non sia davvero un esperto. Se non sai quale vino scegliere, chiedi consiglio al cameriere. Mostrare apertura ai suggerimenti è un segno di sicurezza.

Cosa fare se ti cade la forchetta (spoiler: non immergerti sotto il tavolo)

Prima o poi capita a tutti: la forchetta ti scivola di mano e cade per terra. La tua prima reazione potrebbe essere quella di tuffarti sotto il tavolo, ma fermati subito. Immergerti sotto il tavolo non è mai una buona idea, a meno che tu non voglia trasformarti in uno spettacolo comico per il ristorante. Cosa fare allora?

Solleva lo sguardo, sorridi e fai un cenno al cameriere. La maggior parte dei ristoranti è preparata per queste situazioni e ti porteranno una nuova forchetta senza problemi. Non serve scusarsi mille volte o spiegare l'accaduto come se fosse un incidente grave. Un sorriso e un "mi scusi" bastano. Sembrerai a tuo agio e rilassato, anche se dentro di te stai pensando "che figura". La verità è che nessuno ci fa davvero caso, quindi rilassati.

Se sei particolarmente nervoso all'idea di far cadere qualcosa, puoi fare un po' di pratica a casa. Prendi una forchetta, siediti a tavola e prova a immaginare tutte le possibili catastrofi. Quando sarai al ristorante, ti sentirai pronto ad affrontare qualsiasi cosa. L'importante non è evitare errori, ma saperli gestire con eleganza quando succedono. Se riesci a mantenere la calma, trasformerai un potenziale disastro in un momento divertente. Magari puoi fare una battuta sul tuo talento nel far volare le posate, e la situazione sarà risolta con leggerezza.

Un'altra situazione possibile è far cadere qualcosa nel piatto di lei. Immagina di gesticolare troppo e, oplà, il tuo cucchiaio finisce nella sua zuppa. In questi casi, la regola d'oro è non farsi prendere dal panico. Sorridi, chiedi scusa e fai una battuta per sdrammatizzare, tipo "credo che il mio cucchiaio abbia deciso di esplorare nuovi orizzonti". L'importante è non mostrare troppa ansia, perché il nervosismo potrebbe metterla a disagio. Gestisci tutto con un sorriso e lei apprezzerà la tua capacità di affrontare l'imprevisto.

Come mangiare il sushi senza sembrare un dilettante (e altri consigli pratici)

Mangiare sushi può essere un'esperienza meravigliosa, ma anche un terreno minato per chi non è abituato. Se non hai mai preso in mano delle bacchette, potresti sentirti come un bambino che cerca di imparare ad andare in bicicletta. Le bacchette sembrano avere vita propria e il sushi scivola via come se fosse fatto di sapone. Ma non preoccuparti, con qualche consiglio pratico riuscirai a mangiare sushi come un vero esperto.

Prima di tutto le bacchette. Se non sei molto pratico, puoi fare un po' di esercizio a casa. Prendi due matite e cerca di afferrare qualcosa di piccolo, come un chicco di riso. Una volta preso confidenza, ti sentirai più sicuro al ristorante. E se proprio non riesci, non vergognarti a chiedere una forchetta. È meglio mangiare con una forchetta che passare la serata a lottare con le bacchette rischiando di far volare un pezzo di sushi. Ricorda che l'obiettivo è divertirsi, non impressionare qualcuno con la tua abilità nelle arti marziali delle bacchette.

Intingere il sushi nella salsa di soia è un altro aspetto importante. Non affogare il pezzo di sushi nella salsa come se volessi farlo annegare. Basta un tocco leggero per aggiungere sapore. Se mangi nigiri, intingi il lato del pesce nella salsa, non il riso. Questo evita che il riso si sfaldi trasformando il tuo nigiri in un pasticcio. Intingere troppo potrebbe farti sembrare inesperto, quindi meno è meglio.

E poi c'è il wasabi. Il wasabi è un'arma a doppio taglio. Usato con moderazione, aggiunge un tocco di piccantezza perfetto, ma esagerare significa rischiare di trasformare la serata in una corsa disperata per spegnere il fuoco in bocca. Se non sei sicuro, inizia con poco. Puoi sempre aggiungerne, ma toglierlo è impossibile una volta che stai piangendo dal piccante.

Ricorda che il sushi non deve essere una sfida. Se il pezzo è troppo grande, taglialo a metà. Certo, i puristi del sushi potrebbero inorridire, ma meglio questo che rischiare di soffocare. Fai una battuta sulla dimensione del boccone, tipo "credo che questo chef abbia un concetto un po' estremo di 'un sol boccone'". Questo mostrerà che sai gestire la situazione senza prenderti troppo sul serio.

Conclusione

I bon ton a tavola non deve essere una fonte di stress. Conoscere le basi del galateo, saper gestire piccoli imprevisti e mangiare in modo appropriato sono tutti elementi che contribuiscono a creare una serata piacevole. Ma, alla fine, la cosa più importante è mantenere un atteggiamento rilassato e divertito. Gli errori capitano a tutti, e la vera arte sta nel come li gestisci. Un piccolo inciampo o una forchetta caduta non sono la fine del mondo, anzi, possono diventare il trampolino per creare un momento di complicità, un'occasione per ridere insieme e per mostrare il lato più umano di sé stessi. Un sorriso e un po' di autoironia possono davvero trasformare un episodio imbarazzante in un ricordo che vi farà sorridere in futuro.

La tavola è il luogo dove, sì, si dimostra di saper vivere in società, ma è anche il luogo dove si creano connessioni, dove ci si racconta e dove si impara a conoscere l'altro. Il cibo è solo un pretesto, un mezzo per far sì che due persone possano condividere qualcosa di speciale. Quindi non ti preoccupare se una posata vola, se un bicchiere si rovescia o se mangiare il sushi diventa una piccola battaglia. Questi momenti possono rendere la serata autentica e indimenticabile. In fondo chi vorrebbe un appuntamento perfetto ma noioso, senza una risata genuina o un piccolo episodio che renda tutto più vero?

Ricorda che non sei a una gara di bon ton, ma a una cena per divertirti, per conoscere meglio l'altra persona e per mostrare la tua vera personalità. Le regole del galateo sono importanti, ma non devono diventare una gabbia che limita la tua spontaneità. Se riesci a mantenere un equilibrio tra eleganza e autenticità, tra un comportamento corretto e la capacità di ridere dei propri errori allora la tua serata sarà un successo, indipendentemente da quante volte il coltello sarà caduto o dal fatto che il wasabi ti abbia fatto lacrimare.

Quindi rilassati, respira e ricorda che ogni dettaglio contribuisce a rendere l'esperienza unica. Non cercare di essere impeccabile, cerca piuttosto di essere presente, di ascoltare, di goderti ogni momento senza pensare troppo a come dovresti apparire. Lascia che la tua personalità brilli, che la conversazione scorra in modo naturale, e che il sorriso sia il tuo accessorio principale. Alla fine della serata, quello che rimarrà non sarà la perfezione delle tue maniere, ma il ricordo di come ti sei fatto apprezzare per chi sei realmente.

Quindi, che tu stia affrontando un banchetto formale o una semplice cena a due, ricorda che il vero scopo è godersi il momento. Le regole possono aiutare, ma sono solo una cornice. La vera opera d'arte è la connessione che crei, l'atmosfera che riesci a costruire e il modo in cui fai sentire speciale la persona che hai davanti. Con un sorriso sincero, un po' di autoironia e la capacità di adattarti agli imprevisti, farai in modo che la tua compagnia sia il piatto forte della serata. E questo è ciò che conta davvero.

Capitolo 8: Momenti di Crisi

Ogni appuntamento ha quei momenti in cui senti che la terra potrebbe aprirsi sotto i tuoi piedi. Tutto sembra andare per il meglio, stai facendo la tua figura, il vino è buono, lei sorride, e poi arriva. Un silenzio imbarazzante, il cameriere che ti versa la zuppa addosso, o il famigerato piatto che non ti piace ma devi mangiare come se fosse un'opera d'arte. Non preoccuparti. Questo capitolo è qui per aiutarti a uscire da queste situazioni con eleganza, un sorriso e magari anche qualche risata. Prepara il coraggio perché ne avrai bisogno. Perché in fondo, questi momenti sono quelli che possono trasformare una serata normale in un ricordo indimenticabile.

E se si presenta un momento di silenzio imbarazzante?

Il silenzio imbarazzante è come un ospite inatteso che si presenta proprio quando pensavi che tutto fosse perfetto. Compare dopo aver esaurito i classici argomenti iniziali: hai parlato del lavoro, degli hobby, magari hai anche commentato la bellezza del ristorante o la scelta musicale in sottofondo. Poi, all'improvviso, si ferma tutto. Le parole finiscono. Restano solo il suono delle posate sul piatto e magari una risata eccessivamente rumorosa da un tavolo vicino. Ti senti come se il cronometro del tuo appuntamento stesse ticchettando e tu fossi a corto di risposte.

Ma non temere, il silenzio non è una condanna. È solo un'opportunità, un momento per fermarsi e raccogliere le idee. Se cerchi di riempire il vuoto con qualsiasi cosa, rischi di dire qualcosa di assurdo. Tipo "Sai che le formiche possono trasportare cinquanta volte il loro peso?". Meglio evitare. Respira. Sorridi. Sorseggia il tuo bicchiere. A volte il silenzio è solo una parentesi, una pausa che rende il resto della conversazione più significativo.

Se senti la necessità di rompere il ghiaccio, opta per qualcosa che inviti a raccontarsi. "Se potessi essere in qualsiasi posto del mondo ora, dove vorresti essere?". Oppure "C'è un momento della tua giornata che ti fa sempre sorridere?". Domande che non solo riempiono il vuoto, ma creano anche connessioni più profonde. E se davvero il silenzio persiste, puoi scherzare. "Forse siamo così sincronizzati che non abbiamo nemmeno bisogno di parlare". Una risata condivisa può cancellare qualsiasi imbarazzo.

A volte, però, il silenzio può essere una cosa positiva. Magari state entrambi riflettendo su qualcosa di bello o semplicemente vi godete la reciproca compagnia. Non c'è bisogno di forzare ogni secondo con parole. Imparare a stare tranquilli insieme è un segnale di vera intimità.

Gestire situazioni scomode (come il cameriere che versa la zuppa addosso)

Immagina questa scena. Sei lì che parli in maniera rilassata e il cameriere arriva con un vassoio. Tutto sembra perfetto finché un attimo dopo senti qualcosa di caldo sulla camicia. È zuppa. Magari non su di te, ma peggio ancora: su di lei. In quei secondi sembra che il mondo si fermi e il tuo cervello urla "Panico!". Ma calma. Questo è il momento in cui dimostrare di avere classe e una buona dose di autoironia.

Se la zuppa cade su di te, sorridi. Non serve drammatizzare. Prendi un tovagliolo e asciugati con calma, poi fai una battuta. "Ecco, ora la mia camicia ha decisamente più carattere!". Se succede a lei il tuo ruolo è fondamentale. Passale un tovagliolo, chiedi subito al cameriere dell'acqua per aiutarla a pulirsi e assicurati di sdrammatizzare. "Penso che la moda delle macchie artistiche possa diventare un trend. Forse siamo solo in anticipo!".

Il cameriere sarà sicuramente mortificato. Non c'è bisogno di arrabbiarsi o creare tensione. Rassicuralo, accetta le sue scuse e se offre un dessert o un drink per compensare, approfittane per alleggerire ancora di più l'atmosfera. La chiave è trasformare un momento di imbarazzo in un'occasione per ridere insieme. E quando anni dopo ricorderai questa serata, non parlerai del vino o del menù, ma di quel "grande tuffo della zuppa" che ha reso la serata unica.

Come affrontare un piatto che non ti piace (con un sorriso da Oscar)

Ah poi c'è il fatidico momento in cui arriva un piatto che non ti aspettavi. Magari hai scelto qualcosa dal nome esotico per sembrare avventuroso o sofisticato. E ora è lì davanti a te. Lo guardi e capisci che sarà una battaglia. Forse sembra un esperimento scientifico più che una pietanza. Cosa fare?

Regola numero uno: niente smorfie. Anche se dentro di te pensi "Questo è il piatto più strano che abbia mai visto", mantieni la compostezza. Prendi una forchettata piccola, assaggialo, e sorridi. Non serve mangiare tutto, ma almeno mostrare un minimo di apprezzamento. Se davvero non riesci a mandarlo giù, sposta il cibo nel piatto con discrezione e continua a conversare come se niente fosse.

Se lei si accorge che non ti piace sii onesto ma con leggerezza. "Devo ammettere che questa scelta era un po' troppo ambiziosa per me!". Ridere di te stesso è sempre una mossa vincente. Dimostra che non ti prendi troppo sul serio e che sai gestire le situazioni con spirito. E se lei ti offre un assaggio del suo piatto, accetta con entusiasmo. Può essere un'occasione per recuperare e creare un momento di condivisione.

Alla fine non è il cibo che rende speciale una serata, ma il modo in cui affronti le situazioni. Mostrare apertura, positività e un pizzico di umorismo trasforma qualsiasi pasticcio culinario in una storia divertente da raccontare.

Conclusione

I momenti di crisi durante un appuntamento non sono ostacoli insormontabili, ma opportunità per dimostrare il tuo carattere e la tua capacità di adattarti. Che si tratti di un silenzio imbarazzante, di un incidente con il cameriere o di un piatto difficile da affrontare, tutto può essere gestito con un sorriso e un po' di autoironia. Non sono le cene perfette a rimanere nella memoria, ma quelle piene di imprevisti e risate.

Ricorda che ciò che conta non è la perfezione, ma la connessione che riesci a creare. Saper trasformare un momento di imbarazzo in un'occasione per ridere insieme è la chiave per rendere un appuntamento indimenticabile. Alla fine, non sarà il vino o il piatto a fare la differenza, ma il modo in cui ti sei mostrato sincero, rilassato e pronto a goderti il momento.

Quindi, la prossima volta che qualcosa va storto, respira. Sorridi. Fai una battuta. Perché in fondo, anche la zuppa sul vestito può essere l'inizio di una grande storia.

Capitolo 9: Il Conto: Chi Paga?

Arriva il momento fatidico. Il cameriere si avvicina con il conto in mano, e tu senti come se il mondo intero stesse osservando ogni tua mossa. Il conto è quel momento della serata in cui il romanticismo si scontra con la realtà. Non importa quanto bella sia stata la cena, adesso ti trovi davanti a una delle domande più delicate di sempre: chi paga? Questo capitolo è qui per aiutarti a navigare le acque agitate del pagamento con eleganza e un tocco di leggerezza. Preparati perché gli scenari possibili sono più di quanti immagini e ognuno richiede una strategia diversa. E soprattutto, ricordati che non è solo una questione di soldi, ma di stile e atteggiamento.

Gli scenari possibili e come gestirli senza drammi

Il primo scenario è quello classico. Il cameriere si avvicina con il conto, lo posa sul tavolo con un gesto quasi solenne, e tu sai che è arrivato il momento della verità. In questo caso la strategia migliore è quella del sorriso sicuro. Prendi il conto con naturalezza come se fosse un gesto che fai ogni giorno, anche se dentro di te stai già facendo calcoli complicatissimi per capire se puoi permettertelo. Aprilo, guarda l'importo e mantieni la calma, anche se il numero ti fa venire voglia di iscriverti a un corso intensivo di risparmio finanziario. Se hai deciso di offrire tu, fallo senza esitazioni. Non c'è bisogno di annunciare "Pago io!" con il tono di un eroe epico. Basta un semplice "Ci penso io" detto con tranquillità, e il gioco è fatto. Mostrare sicurezza in questo momento è essenziale, anche se il tuo conto in banca sta piangendo lacrime silenziose.

Ma cosa succede se lei ti sorprende e insiste per pagare o per dividere? Ecco che entra in scena lo scenario numero due: la proposta di dividere il conto. Qui bisogna saper gestire la situazione con eleganza. Se lei insiste con convinzione, non trasformare il momento in un braccio di ferro verbale. Accettare con un sorriso e una frase come "Sei sicura? Va bene allora, mi fido di te" è il modo migliore per evitare di sembrare rigido o, peggio, paternalista. Se invece vuoi insistere per pagare tu, fallo con gentilezza. Un semplice "Mi farebbe davvero piacere offrire questa volta" è un modo elegante per mantenere il controllo della situazione senza sembrare invadente. In ogni caso, la parola d'ordine è sempre leggerezza. Nessuno vuole che un appuntamento finisca con una discussione sul conto.

E ora, il temuto scenario numero tre: il momento in cui realizzi che la tua carta di credito non funziona. È l'incubo di ogni persona che cerca di fare colpo. Magari è un problema tecnico, magari hai dimenticato di controllare il saldo. Fatto sta che il cameriere torna al tavolo con un'espressione imbarazzata e ti dice "Mi dispiace, ma la carta è stata rifiutata". È in questo preciso istante che il tuo sangue si congela e vorresti scomparire sotto il tavolo. Ma non farlo. Qui è fondamentale mantenere la calma. Non sudare, non arrossire e soprattutto non iniziare a rovistare nel portafoglio come se stessi cercando una mappa del tesoro. Sorridi, prendi un respiro e spiega con tranquillità: "Deve esserci stato un errore, potremmo riprovare?". Spesso basta questo per risolvere il problema.

Se anche il secondo tentativo fallisce, è il momento di passare al piano B. Se hai un'altra carta, usala senza esitazioni. Se invece non hai alternative, cerca di gestire la situazione con onestà e umorismo. "Mi dispiace moltissimo, non mi era mai successo prima. Posso sistemare tutto appena possibile" è una frase che dimostra maturità e tranquillità. E se lei si offre di coprire il conto, accetta con gratitudine, ma prometti di rimediare al più presto: "Grazie davvero, mi dispiace tantissimo. La prossima cena è assolutamente a mio carico". La serenità con cui affronti questo imprevisto può trasformare un momento potenzialmente disastroso in un'occasione per dimostrare il tuo carattere.

Per evitare tutto questo, il consiglio è semplice: controlla sempre il saldo della tua carta prima di una cena importante e tieni una seconda carta come riserva. Ma anche se accade l'irreparabile, ricorda che ciò che conta è come affronti la situazione, non l'errore in sé. Un sorriso e un atteggiamento positivo possono salvare la serata e, chissà, persino renderla memorabile per le risate condivise.

Saper accettare (o rifiutare) l'offerta di dividere il conto

Dividere il conto è uno di quei momenti che possono trasformare una serata perfetta in un piccolo campo minato sociale. La chiave per affrontarlo è capire il contesto, essere flessibili e mantenere sempre un tono positivo. Se lei propone di dividere il conto, non saltare subito a conclusioni sbagliate. Questo gesto non significa necessariamente che voglia prendere le distanze o che tu debba sentirti rifiutato, ma potrebbe essere semplicemente il suo modo per dimostrare indipendenza e parità. Accettare con un sorriso, dicendo qualcosa come "Se per te va bene, anche per me va benissimo", è il modo migliore per rispondere senza creare tensioni. Ricorda che accettare di dividere non è una sconfitta, ma una dimostrazione di rispetto per la sua posizione.

D'altra parte se preferisci pagare tu è importante farlo con naturalezza e senza insistere troppo. Dire qualcosa come "Per me è davvero un piacere offrirti questa cena, magari la prossima volta ci pensi tu" lascia spazio per un gesto reciproco in futuro senza farla sentire a disagio. Il segreto è mantenere un'atmosfera leggera. Non deve sembrare che tu stia cercando di guadagnarti punti o dimostrare qualcosa, ma semplicemente che vuoi rendere speciale la serata. Il conto non è una battaglia da vincere, ma un'opportunità per mostrare generosità e attenzione.

E poi c'è il terzo scenario, quello in cui lei accetta subito che tu paghi senza fare obiezioni. Anche in questo caso, è importante gestire la situazione con equilibrio. Evita di sembrare troppo compiaciuto o, peggio, di trasformare il gesto in un momento per metterti in mostra. Offrire la cena dovrebbe essere sempre un atto di generosità, mai di superiorità. Dire qualcosa come "Sono davvero felice di aver condiviso questa serata con te" è il modo perfetto per concludere il momento in modo elegante e senza alcun imbarazzo.

In tutti questi casi, ciò che conta di più non è tanto chi paga, ma come affronti la situazione. Il tuo atteggiamento, la tua capacità di adattarti e il modo in cui fai sentire a suo agio l'altra persona sono gli elementi che fanno davvero la differenza. Quindi respira, sorridi e ricordati che il conto è solo un dettaglio in una serata che hai costruito per essere piacevole e memorabile.

La carta di credito che non funziona: guida al mantenere la calma e il sorriso

E adesso arriviamo al peggior incubo di chiunque. Hai fatto tutto bene, la serata è andata alla grande, e poi la tua carta di credito decide di abbandonarti nel momento del bisogno. È come se il destino si divertisse a metterti alla prova. La cosa più importante in questa situazione è mantenere la calma. Non c'è niente di peggio che iniziare a sudare freddo o a borbottare scuse confuse. La prima cosa da fare è prendere un respiro profondo e guardare il cameriere negli occhi con un sorriso. Chiedi gentilmente se può provare di nuovo, spiegando che potrebbe esserci stato un problema tecnico. A volte funziona. Se la carta continua a non funzionare passa al piano B. Se hai un'altra carta usala senza esitazioni. Se non hai alternative cerca di risolvere la situazione senza drammi. "Mi dispiace moltissimo, non mi era mai successo prima, posso sistemare la questione in un attimo appena esco" è una frase che trasmette tranquillità.

Se la tua accompagnatrice offre di coprire il conto, accetta con gratitudine ma prometti di rimediare subito. "Grazie mille mi dispiace davvero tanto, la prossima volta sarà tutto a mio carico" è il modo giusto per affrontare il momento. Ricorda che tutti possono trovarsi in una situazione simile, quindi non serve sentirsi in colpa o fare drammi. La serenità con cui affronti l'imprevisto è ciò che conta davvero. Anzi, a volte può essere un momento in cui dimostri il tuo lato umano e autentico.

E se proprio vuoi evitare che una situazione del genere si ripeta, il consiglio è semplice: controlla sempre il saldo della tua carta prima di una cena importante. Non lasciare che un dettaglio così banale rovini una serata perfetta. Ma anche se succede, ricorda che l'importante non è cosa è andato storto, ma come hai saputo gestirlo.

Conclusione

Il momento del conto è spesso visto come una prova di stile e personalità. Non importa quale scenario si presenti, la chiave è mantenere la calma e affrontare tutto con un sorriso. Che tu scelga di pagare, dividere o chiedere aiuto in caso di imprevisti, l'importante è dimostrare che sai gestire ogni situazione con eleganza. Non sono i soldi sul tavolo che contano, ma l'atteggiamento con cui affronti il momento.

Ricorda che un appuntamento è fatto di piccoli dettagli e il conto è solo uno di questi. Gestirlo bene significa concludere la serata con classe e lasciare un'ottima impressione. E se qualcosa va storto, non preoccuparti. La maggior parte delle persone ricorda come le hai fatte sentire, non quanto hai speso. Quindi sorridi, resta tranquillo e goditi il momento perché in fondo un conto è solo una piccola parte di una grande storia.

Capitolo 10: Dopo la Cena: Il Gran Finale

La cena è finita, il conto è stato pagato, e ora ti trovi di fronte alla fase più delicata e decisiva dell'intera serata. Questo è il momento in cui tutto ciò che hai fatto finora potrebbe culminare in un trionfo memorabile o svanire come una bolla di sapone. Hai passato ore a scegliere il ristorante, a curare il tuo abbigliamento e a pensare a come rompere il ghiaccio, e adesso tutto si gioca in pochi minuti. È il gran finale, quello che deciderà come verrà ricordata questa uscita, sia da te che da lei. Ti stai chiedendo: si è divertita davvero? Ha apprezzato i miei tentativi di essere simpatico e galante? Dovrei invitarla a uscire di nuovo, o sarebbe troppo presto? E soprattutto come concludere questa serata? Con un bacio? Con un abbraccio? Oppure con un semplice saluto con la mano, che potrebbe sembrare un po' freddo? Non temere perché abbiamo le risposte a tutte queste domande e qualche consiglio pratico per affrontare questo momento con sicurezza e, perché no, un pizzico di eleganza.

Come capire se lei si sta divertendo davvero

Capire se si è divertita davvero può sembrare complicato, ma in realtà ci sono segnali chiari e facili da cogliere, se sai dove guardare. Prima di tutto, il linguaggio del corpo è un indicatore prezioso. Ha passato la serata inclinata verso di te, ridendo e mantenendo un contatto visivo costante? Fantastico, sei sulla buona strada. Se invece si è trovata più volte a guardarsi attorno, magari osservando altri tavoli o controllando il telefono con aria annoiata, potrebbe essere un campanello d'allarme. Ma non saltare subito a conclusioni catastrofiche. A volte una persona può sembrare distaccata semplicemente perché è stanca, nervosa o ha avuto una giornata impegnativa. Cerca di valutare il quadro generale e non soffermarti su un singolo segnale.

Un altro aspetto fondamentale è la qualità della conversazione. Se ha riso alle tue battute, anche quelle che forse non erano proprio irresistibili, o ha condiviso aneddoti personali, è un segnale che si è sentita a suo agio. Raccontare qualcosa di personale è un gesto di fiducia, e significa che sta cercando di creare una connessione. Al contrario, se hai avuto la netta sensazione di essere tu a portare avanti la conversazione mentre lei rispondeva con monosillabi, potrebbe essere il segnale che la chimica non è stata al massimo. Questo non significa necessariamente che la serata sia stata un disastro, ma forse dovrai lavorare un po' di più per rompere il ghiaccio.

Se vuoi essere davvero sicuro, non c'è niente di meglio che chiedere direttamente, ma fallo con leggerezza e senza mettere pressione. Prova a dire qualcosa come: "Spero che ti sia piaciuta la serata, io l'ho trovata davvero piacevole". Questo non solo le dà la possibilità di esprimere sinceramente il suo parere, ma ti permette anche di capire meglio il suo livello di interesse. Se risponde con entusiasmo magari aggiungendo dettagli positivi tipo: "Sì, mi sono divertita molto, mi è piaciuto quando hai raccontato quella cosa divertente", allora sei decisamente sulla strada giusta. Se invece ricevi una risposta più fredda come: "Sì, è stato carino", potrebbe essere il momento di riflettere su come è andata davvero.

Un consiglio utile è anche quello di fare attenzione ai piccoli dettagli durante la serata. Ti ha chiesto di raccontare di più su un argomento che le stava a cuore? Ha ricordato qualcosa che hai detto all'inizio della serata e ci ha costruito sopra una battuta o un commento? Questi sono segnali di interesse che non vanno sottovalutati. Al contrario, se ha cambiato argomento più volte bruscamente o ha mostrato poca partecipazione, forse la connessione non era così forte. In ogni caso, l'importante è mantenere un atteggiamento rilassato e non prenderla troppo sul personale. Ogni incontro è un'opportunità per capire meglio sia te stesso che l'altra persona, e anche le serate meno perfette possono insegnarti qualcosa di prezioso.

Invitarla a un'altra uscita senza sembrare disperato

Invitarla a uscire di nuovo è un'arte complessa che richiede delicatezza, tempismo e un tocco di creatività. Non vuoi sembrare troppo insistente, come se la tua vita dipendesse da una sua risposta positiva, ma nemmeno troppo disinteressato, rischiando che lei pensi che per te non sia poi così importante. La chiave è trovare il giusto equilibrio.

Se la serata è andata bene e hai percepito un interesse reciproco, non aspettare settimane per proporre un nuovo incontro. Tuttavia, evita di sembrare troppo ansioso. Puoi dire qualcosa come: "Mi piacerebbe davvero rivederti, magari potremmo provare quel ristorante di cui parlavamo prima". Questo approccio ha tre vantaggi: è casuale, fa riferimento a qualcosa che avete condiviso durante la serata e non mette pressione. Lascia che la sua risposta ti dia un'indicazione su come procedere.

Evita assolutamente di mettere pressione con frasi tipo: "Quando sei libera? Domani? Dopodomani?". Questo potrebbe farla sentire a disagio e dare l'impressione che tu non abbia nient'altro di meglio da fare. Dai spazio e tempo, e lascia che sia lei a suggerire un momento adatto. Se accetta con entusiasmo e propone un giorno specifico, è un segnale fantastico. Se invece tergiversa, dicendo qualcosa come "Vediamo, devo controllare", o propone date molto lontane, potrebbe essere il segnale che non è realmente interessata. Ed è importante accettarlo con serenità. Meglio saperlo subito che sprecare energie inseguendo qualcosa che non funziona.

Se percepisci un certo interesse ma noti che lei è un po' indecisa o sembra titubante, mantieni il tono leggero e giocoso. Puoi dire: "Nessuna fretta, vediamo quando riusciamo a incastrare le agende". Questo mostra che sei paziente, comprensivo e non hai bisogno di risposte immediate. A volte lasciarle un po' di spazio può fare la differenza. Non è raro che qualcuno abbia bisogno di tempo per riflettere su come si è sentito durante un incontro.

Un altro approccio efficace è proporre qualcosa di specifico che possa stuzzicare il suo interesse. Ad esempio: "C'è una mostra che apre la prossima settimana, potrebbe essere divertente andarci insieme". Oppure: "Conosco un posto che fa i migliori cocktail della città, sarebbe bello portarci qualcuno con un gusto impeccabile come il tuo". Offrire un'idea chiara e invitante può rendere la proposta più interessante e dare a lei qualcosa di concreto su cui rispondere.

Infine, ricorda che il modo in cui proponi una seconda uscita dice molto su di te. Se riesci a farlo con sicurezza, rispetto e una punta di humor, aumenterai le tue possibilità di ricevere un sì. E se dovesse rispondere di no o mostrarsi poco entusiasta, non prenderla sul personale. Non ogni serata porta alla magia, e anche le uscite meno riuscite sono un'opportunità per imparare e migliorarsi. In fondo, ciò che conta davvero è come ti poni e il rispetto che mostri per i suoi tempi e desideri.

L'addio alla serata: bacio, abbraccio o saluto con la mano?

Ed eccoci al momento più atteso e temuto: l'addio. Siamo onesti, nessuno sa mai davvero quale sia la mossa giusta. La risposta, come sempre, dipende dal contesto e dall'energia che avete condiviso durante la serata.

Se la chimica è stata evidente e ci sono stati segnali chiari di interesse (sorrisi, contatto visivo, magari un tocco sul braccio), il bacio è una possibilità. Non devi fare una mossa teatrale o esagerata. Avvicinati con calma e guarda la sua reazione. Se sembra rilassata e ricambia il movimento, sei sulla strada giusta. Se invece fa un passo indietro o sembra sorpresa, fermati subito. Non c'è niente di peggio che forzare un momento che dovrebbe essere naturale.

Se non sei sicuro o la serata è stata piacevole ma non esplosiva l'abbraccio è sempre un'opzione sicura. È un gesto caloroso e rispettoso che lascia spazio per interpretazioni future. Puoi aggiungere un tocco personale con una frase come "Grazie per questa bella serata, spero di rivederti presto".

E poi c'è il saluto con la mano, che può sembrare un po' formale ma a volte è la scelta migliore. Se hai percepito che lei preferisce mantenere un po' di distanza, un saluto gentile e un sorriso sincero possono comunque lasciare un'impressione positiva. Ricorda che non è il gesto finale a determinare il successo della serata, ma l'insieme delle emozioni che avete condiviso.

Conclusione

Il gran finale di una serata è sempre un momento delicato, ma non deve essere motivo di ansia. Ascolta il tuo istinto, leggi i segnali e agisci con naturalezza. Che si tratti di capire se si è divertita, proporre una seconda uscita o decidere come salutarla, la chiave è sempre la stessa: essere te stesso e rispettare i suoi tempi e spazi.

Una serata ben conclusa non significa necessariamente che tutto sia andato perfettamente. Anche i piccoli errori o momenti di imbarazzo possono aggiungere autenticità e rendere l'esperienza unica. Quindi rilassati, goditi il momento e, soprattutto, non dimenticare che ogni incontro è una possibilità di crescita e scoperta. In fondo, il gran finale è solo l'inizio di una nuova storia.

Capitolo 11: Il Post-Cena: Riflessioni e Strategie per il Futuro

La cena è finita, il saluto è stato fatto, e adesso ti ritrovi nel silenzio della tua auto o mentre cammini verso casa. Questo è il momento delle riflessioni. Ti senti come un regista che guarda il montaggio finale del suo film, cercando di capire cosa ha funzionato e cosa invece potrebbe essere migliorato. È qui che il vero lavoro inizia: l'analisi. Ma attenzione, non vogliamo ossessionarci. Il post-cena non è un esame universitario. È un'occasione per capire come è andata e per prepararti al meglio per il futuro.

L'analisi (senza ossessionarsi): cosa è andato bene, cosa meno

Inizia con un semplice bilancio. Non devi fare una lista infinita di punti positivi e negativi, ma cerca di ricordare i momenti principali della serata. Ci sono stati momenti di risate genuine? Hai notato un vero interesse da parte sua? Le tue battute hanno fatto centro o sei stato accolto da un silenzio glaciale? Cerca di capire cosa ha funzionato. Magari il tuo aneddoto sui tuoi disastri in cucina l'ha fatta ridere di gusto, o il tuo interesse sincero per il suo hobby l'ha colpita positivamente. Anche i piccoli dettagli contano: un sorriso, un'occhiata complice, un momento in cui sembrava davvero concentrata su di te.

Poi, inevitabilmente, ci sono le aree di miglioramento. Forse hai parlato un po' troppo di te stesso, dimenticando di fare domande. Oppure hai scelto un argomento troppo serio che ha spento l'atmosfera. Magari ti sei reso conto che una delle tue battute non era così divertente come pensavi. Non serve essere troppo critico con te stesso, ma prendi nota mentalmente di queste cose. Sono piccole lezioni che puoi portare con te per la prossima volta. L'importante è usarle per crescere, non per autoflagellarti.

Un altro aspetto importante è chiederti come ti sei sentito tu durante la serata. Sei stato a tuo agio? Hai percepito una connessione autentica o hai avuto la sensazione che tutto fosse un po' forzato? A volte siamo così concentrati su ciò che l'altra persona pensa di noi che dimentichiamo di valutare come ci sentiamo noi stessi. Ricorda, l'analisi non serve solo a capire se hai fatto colpo su di lei, ma anche a capire se lei ha fatto colpo su di te. Una relazione è una strada a doppio senso, e il tuo benessere conta tanto quanto il suo.

Infine, prova a considerare il contesto generale della serata. Era il ristorante giusto? Hai scelto l'atmosfera corretta per il tipo di connessione che speravi di creare? Questi dettagli, anche se sembrano marginali, possono fare una grande differenza.

L'arte di aspettare prima di mandare il messaggio di ringraziamento

E ora arriviamo a uno dei grandi dilemmi del post-cena: quando mandare il messaggio di ringraziamento. Subito dopo? Aspettare un giorno? Due? La risposta non è scritta nella pietra, ma c'è una regola d'oro: non sembrare troppo ansioso e nemmeno troppo distaccato. Mandare un messaggio immediatamente dopo il saluto, magari mentre ancora sei nei paraggi, potrebbe far trasparire un eccessivo entusiasmo. Aspettare troppo a lungo, d'altro canto, potrebbe far pensare che la serata non ti sia piaciuta o, peggio, che ti sei dimenticato di lei. Il tempismo ideale? Entro le 24 ore. Non troppo presto da sembrare affrettato, ma nemmeno troppo tardi da sembrare indifferente.

Ma cosa scrivere? Anche qui la semplicità è la tua migliore alleata. Non è il momento di scrivere un poema epico o una lettera d'amore. Un messaggio breve, sincero e diretto farà molto più effetto. Prova con qualcosa come: "Grazie per la bellissima serata, mi sono davvero divertito. Spero che anche tu ti sia trovata bene". Questo tipo di messaggio ha tutto: mostra che hai apprezzato il tempo passato insieme, esprime interesse senza risultare invadente e lascia spazio a una risposta naturale.

Se lei risponde con entusiasmo ad esempio dicendo: "Anche io mi sono divertita, è stato davvero piacevole", puoi cogliere l'occasione per proseguire la conversazione e magari sondare il terreno per un prossimo incontro. Un messaggio come: "Mi fa piacere, magari potremmo replicare presto!" può essere un modo semplice e diretto per iniziare a pianificare il futuro. Se invece la sua risposta è più fredda o vaga, come: "Sì è stato carino, grazie" non insistere. Ogni persona ha i suoi tempi e a volte è meglio lasciar respirare le cose. Il tuo compito è rispettare quei tempi senza sembrare pressante.

Un altro dettaglio importante riguarda il tono del messaggio. Mantieni un atteggiamento rilassato e positivo. Evita frasi troppo rigide o formali, come: "La ringrazio per la serata trascorsa insieme", perché potrebbero suonare distanti. Allo stesso modo evita un tono eccessivamente informale tipo: "Wow, serata top, spacca!", a meno che non sia chiaramente il tipo di umorismo che avete condiviso durante l'incontro. Trovare il giusto equilibrio è fondamentale.

E ora un consiglio bonus: non ossessionarti con il tuo messaggio. È normale sentirsi un po' nervosi prima di premere invio, ma non rileggere cento volte ogni parola cercando la perfezione assoluta. La spontaneità è ciò che rende autentico un messaggio. Scrivi, controlla velocemente per evitare errori di battitura o refusi, e invia. Il resto è fuori dal tuo controllo. A volte un messaggio semplice e genuino vale più di qualsiasi frase elaborata.

Infine, ricordati che il messaggio di ringraziamento è solo una piccola parte del quadro generale. Non sarà un messaggio a decidere il futuro della vostra relazione, ma è comunque un bel gesto che dimostra educazione e interesse. Quindi rilassati, prenditi il tuo tempo e lascia che le cose vadano come devono andare.

Lezione appresa: come migliorare per la prossima cena

Ogni serata, che sia stata un successo o meno, ti insegna qualcosa. È come un allenamento: ogni volta diventi un po' più esperto. Quindi, dopo aver analizzato la serata e inviato il messaggio, prenditi un momento per riflettere su ciò che hai imparato.

Se hai notato che hai parlato troppo di lavoro magari la prossima volta potresti concentrarti di più sui suoi interessi. Se hai percepito che certi argomenti non hanno funzionato, prova a eliminarli dal tuo repertorio. Ad esempio, forse parlare della tua squadra di calcio preferita non è stata una grande idea se lei non è appassionata di sport. Oppure potresti aver notato che hai avuto difficoltà a gestire i silenzi. In quel caso, pensa a qualche argomento di riserva da tenere pronto per la prossima volta.

Un altro aspetto importante è riflettere sul tuo atteggiamento. Sei stato te stesso o hai cercato di apparire diverso per impressionarla? Ricorda, la vera connessione nasce dall'autenticità. Se ti sei sentito costretto a fingere, forse dovresti riconsiderare ciò che stai cercando in una relazione. La persona giusta ti apprezzerà per ciò che sei, non per ciò che pensi debba piacere.

Infine, usa ciò che hai imparato per migliorare non solo come "appuntamento", ma anche come persona. Ogni interazione è un'occasione per crescere, per affinare le tue abilità sociali e per capire meglio cosa desideri. Non tutte le serate porteranno a un lieto fine romantico, ma tutte possono arricchirti in qualche modo. E quando arriverà la prossima cena sarai pronto ad affrontarla con più sicurezza e con un pizzico di saggezza in più.

Conclusione

Il post-cena è un momento cruciale, ma non deve essere motivo di stress. È il momento perfetto per prendere fiato e valutare con calma ciò che è successo durante la serata. Riflettere non significa ossessionarsi su ogni dettaglio, ma piuttosto imparare e crescere. È l'occasione per apprezzare ciò che è andato bene, individuare cosa potrebbe essere migliorato e prepararsi con entusiasmo per la prossima volta. Non sottovalutare questo momento: è qui che la tua esperienza si arricchisce e la tua capacità di affrontare situazioni simili in futuro si affina.

Gli appuntamenti sono come i capitoli di un libro e il post-cena è la pagina che scrivi per concluderlo. Ogni capitolo, anche quelli meno perfetti, ha qualcosa da insegnarti. Che si tratti di una battuta che non ha funzionato o di un momento particolarmente riuscito, ogni dettaglio contribuisce a costruire la tua storia. Quindi prenditi il tempo per rivedere mentalmente la serata, ma fallo con leggerezza. Non c'è bisogno di essere eccessivamente critico con te stesso: siamo umani, e gli errori fanno parte del gioco.

Ricorda che gli appuntamenti non devono essere perfetti per essere significativi. Anche i piccoli momenti di imbarazzo o le battute poco riuscite possono aggiungere autenticità alla serata. È importante concentrarsi su ciò che hai apprezzato: magari è stato un sorriso, un argomento che vi ha fatti ridere insieme, o semplicemente il piacere di scoprire qualcosa di nuovo su di lei. Questi sono i dettagli che contano davvero e che ti aiuteranno a creare un legame più forte in futuro.

E poi non dimenticare che la vita è piena di sorprese. Anche se qualcosa non è andato come speravi, c'è sempre una nuova opportunità dietro l'angolo. Ogni appuntamento, ogni serata è una nuova possibilità di connettersi, imparare e magari anche innamorarsi. Quindi rilassati E abbraccia l'incertezza con un sorriso e vai avanti con fiducia.

Infine ricorda che il percorso verso una connessione autentica è fatto di piccoli passi. Non cercare di affrettare le cose o di cercare una perfezione irraggiungibile. Invece goditi il viaggio. Ogni appuntamento è un'esperienza unica che ti avvicina un po' di più a ciò che stai cercando, che sia una relazione significativa o semplicemente una bella serata da ricordare. E chissà, magari la prossima cena sarà davvero quella giusta, quella che scriverà il capitolo più bello del tuo libro.

Conclusione del Libro: Il Finale Che Non Ti Aspetti

Congratulazioni! Hai affrontato la cena e cosa più importante sei ancora vivo. Questo di per sé è un traguardo che merita un applauso. Pensaci un attimo: hai navigato nelle acque agitate del primo incontro evitando scogli insidiosi come la scelta del ristorante sbagliato le porzioni da nouvelle cuisine e i silenzi imbarazzanti. Hai gestito il conto come un professionista mandato il messaggio di ringraziamento senza sembrare disperato e ora sei qui pronto a guardare indietro a tutto ciò che hai imparato. Ma il meglio deve ancora venire.

Che cos'è veramente questo libro se non una guida a vivere con leggerezza un'esperienza che ammettiamolo può essere un po' intimidatoria? Il punto non è diventare un esperto infallibile di appuntamenti ma imparare a godersi il viaggio. Questo è il momento in cui ci fermiamo per riflettere tirare le somme e perché no ridere un po' di noi stessi. In fondo gli appuntamenti non sono una scienza esatta. Sono più simili a un'opera d'arte in continua evoluzione fatta di pennellate imprecise tocchi di genio e qualche errore che aggiunge carattere al quadro complessivo.

Hai Sopravvissuto Ed È Quello Che Conta

Affrontare una cena con una ragazza che sia un primo appuntamento o uno dei tanti non è mai solo una cena. È una piccola performance un'esibizione dove cerchi di essere il miglior te stesso possibile senza però sembrare che stai recitando. È un gioco di equilibri delicato e il fatto che tu sia arrivato fino a qui significa che hai giocato bene le tue carte. Certo ci sono stati momenti in cui hai pensato "Ma perché ho detto quella cosa?" oppure "Forse quel dessert al cioccolato era troppo per il mio budget" ma indovina un po'? Anche questo fa parte del divertimento.

Ogni cena è un'avventura unica. Potresti aver incontrato la tua futura anima gemella o semplicemente condiviso una serata piacevole con qualcuno che non rivedrai più. Entrambe le situazioni hanno il loro valore. Non c'è bisogno di mettere troppa pressione su di te o sull'altra persona. Alla fine hai dimostrato coraggio. Hai organizzato ascoltato chiacchierato e soprattutto sei stato presente. Questo è ciò che conta davvero. Non sottovalutare il valore del "mettersi in gioco" perché è da qui che nascono le storie migliori. Anche i piccoli disastri si trasformano in aneddoti memorabili quando li guardi con il giusto spirito.

Pensaci: quante persone preferiscono restare nella loro zona di comfort piuttosto che affrontare il rischio di un appuntamento? Tu hai deciso di metterti in gioco di uscire e di creare un momento di connessione. Non importa se il menù era difficile da capire o se il cameriere ha sbagliato il tuo ordine. Quello che conta è che hai avuto il coraggio di essere lì e questo è qualcosa di cui puoi essere fiero. Questo atteggiamento di apertura è ciò che rende ogni esperienza degna di essere vissuta.

Vivere Tutto Con Leggerezza

Se c'è una lezione fondamentale che vorremmo lasciarti con questo libro è questa: prendila con leggerezza. Gli appuntamenti non devono essere una prova di resistenza o un esame di maturità. Sono momenti per conoscere l'altro e allo stesso tempo conoscere un po' meglio te stesso. Vivere tutto con leggerezza non significa non prenderla sul serio ma piuttosto non permettere a ogni piccolo dettaglio di pesarti come un macigno.

Quando pensi alla prossima cena non focalizzarti su tutto ciò che potrebbe andare storto. Piuttosto pensa a ciò che potrebbe andare bene. La vita è piena di imprevisti e a volte proprio quegli imprevisti si trasformano nei ricordi migliori. Come quella volta in cui hai rovesciato il bicchiere di vino e lei ha iniziato a ridere a crepapelle trasformando un momento di imbarazzo in qualcosa di speciale. Quei momenti inaspettati sono ciò che rende ogni appuntamento unico.

E se le cose non vanno come speravi non farne un dramma. Non tutti gli appuntamenti sono destinati a diventare il capitolo iniziale di una grande storia d'amore. Ma tutti e dico tutti sono un'occasione per crescere per affinare il tuo stile e per imparare qualcosa di nuovo su te stesso e sugli altri. La leggerezza non è superficialità ma la capacità di prendere le cose con il giusto distacco senza permettere che gli imprevisti ti rovinino l'esperienza. È questa leggerezza che ti permette di trasformare anche i piccoli fallimenti in passi avanti verso qualcosa di migliore.

Ridere È Sempre La Risposta

A volte ci prendiamo troppo sul serio e questo può essere il vero ostacolo agli appuntamenti di successo. Impara a ridere soprattutto di te stesso. Hai sbagliato a pronunciare il nome del piatto che hai ordinato? Ridi. Hai fatto una battuta che non ha avuto il successo sperato? Ridi lo stesso. La risata è contagiosa ed è uno dei modi migliori per creare una connessione con chi hai davanti.

Se c'è una cosa che rende davvero indimenticabile un appuntamento è la capacità di entrambi di essere autentici di mostrare i propri lati imperfetti senza paura. Nessuno vuole passare una serata con qualcuno che cerca di essere perfetto. La perfezione è noiosa. Le risate invece sono ciò che rendono ogni incontro unico. Pensa ai grandi momenti che hai vissuto: quanti di questi non sono stati accompagnati da una buona risata? La risata costruisce ponti scioglie tensioni e rende tutto più umano.

E non dimenticare: la risata non è solo un dono per l'altra persona ma anche per te. Ridere delle tue piccole disavventure ti aiuta a superarle e a trasformarle in storie divertenti da raccontare. Come quel momento in cui hai confuso il nome del ristorante e siete finiti in un posto che serviva solo curry piccantissimo. Lei ha pianto dal ridere e tu hai bevuto tre litri d'acqua. Quel ricordo? Indimenticabile. In fondo la capacità di ridere è ciò che ti aiuterà a mantenere la calma e a goderti ogni istante anche quelli meno perfetti.

Il Capitolo Non Finisce Qui

Siamo arrivati alla fine di questo libro ma non della tua avventura. Ogni cena è un nuovo capitolo che aggiungi alla tua storia. Ogni incontro è un'occasione per scoprire qualcosa di nuovo non solo sull'altra persona ma anche su te stesso. Quindi non fermarti qui.

Esci prova sbaglia ridi e riprova. Ogni esperienza bella o brutta ti porterà un passo più vicino a ciò che cerchi.

E ricorda la prossima volta che ti trovi davanti a un menù complicato un silenzio imbarazzante o una carta di credito che decide di non collaborare pensa a questo libro e a tutto ciò che hai imparato. Perché alla fine la cosa più importante è godersi il viaggio con un sorriso e una risata sempre pronti.

In fondo la vita è come un lungo banchetto. Non tutte le portate saranno perfette ma ogni assaggio ti offre qualcosa di unico. Che sia un sapore dolce piccante o inaspettato tutto contribuisce al grande piatto della tua esperienza. Quindi alza il bicchiere brinda a te stesso e al coraggio che hai avuto nel sederti a quel tavolo. La prossima avventura ti aspetta e chissà potrebbe essere ancora più deliziosa. Ricorda ogni cena è solo l'inizio di una storia e ogni storia merita di essere vissuta appieno.

Capitolo Finale: Storie dalla Tavola – Quando Tutto Può Accadere

Ogni cena ha una storia. Alcune sono successi da manuale, altre disastri spettacolari ma tutte insegnano qualcosa. In questo capitolo finale vogliamo condividere alcune storie che mostrano come ogni appuntamento sia un'avventura unica. E chissà magari ti riconoscerai in qualcuna di esse.

La Cena del Cavaliere Dimenticato
Luca aveva pianificato tutto alla perfezione. Ristorante romantico con vista luci soffuse e un tavolo riservato vicino al caminetto. La serata sembrava promettere bene finché il cameriere non portò il menù e con esso la realizzazione: Luca aveva dimenticato gli

occhiali. Non riusciva a leggere una sola parola. Dopo qualche tentativo maldestro di decifrare i piatti decise di affidarsi completamente a Martina la sua accompagnatrice.

Martina divertita si prese il ruolo con entusiasmo ma decise di aggiungere un tocco di gioco alla situazione. "Ti ordinerò qualcosa ma non ti dirò cosa. Dovrai scoprirlo quando arriverà." E così fu. Quando arrivarono i piatti Luca scoprì che aveva ordinato ostriche crude cibo che odiava da sempre. Dopo un momento di shock decise di affrontare la sfida con coraggio guadagnandosi una risata e una connessione più autentica con Martina. "Le ostriche non sono il mio forte ma devo ammettere che questa sorpresa è stata il piatto forte della serata." Una lezione? A volte i piccoli incidenti possono creare i ricordi migliori.

L'Appuntamento del Tiramisù Volante

Giulia era entusiasta del suo primo appuntamento con Marco. Fra tutto perfetto: conversazioni leggere risate e una chimica palpabile. Poi arrivò il dessert. Il cameriere posò sul tavolo due tiramisù dall'aspetto paradisiaco. Nel tentativo di essere gentile Marco cercò di spostare il piatto di Giulia più vicino a lei. Purtroppo calcolò male il movimento e il tiramisù prese il volo. Atterrò con un tonfo morbido sulla giacca bianca di Giulia.

Ci fu un momento di silenzio assoluto seguito da una risata improvvisa e contagiosa di Giulia. "Almeno il tiramisù è abbastanza buono da voler scappare!" scherzò. Marco imbarazzato si scusò mille volte ma la serata non fu rovinata. Anzi quella gaffe si trasformò in un momento memorabile che entrambi avrebbero ricordato con affetto. La morale? Anche nei momenti di imbarazzo il senso dell'umorismo è il migliore alleato.

Il Disastro del Menù Degustazione

Alessandro voleva impressionare. Il ristorante scelto era uno stellato con un menù degustazione di otto portate. Era sicuro che una cena raffinata sarebbe stata il modo perfetto per stupire Chiara. Tuttavia non aveva fatto i conti con una piccola fondamentale variabile: Chiara non era una fan della cucina gourmet.

Già alla seconda portata Alessandro capì che qualcosa non andava. Chiara guardava il suo piatto di "schiuma di asparagi con essenza di tartufo" con lo stesso entusiasmo di qualcuno davanti a una multa. "È interessante" disse cercando di essere gentile. Alla quarta portata un'insalata con petali di fiori Chiara cedette: "Senti apprezzo il tuo impegno ma possiamo ordinare una pizza dopo?" Alessandro scoppiò a ridere. "D'accordo ma almeno lasciami assaggiare il dolce." La serata finì con entrambi seduti sul cofano della macchina condividendo una pizza margherita e ridendo delle loro reciproche aspettative. La lezione? Conoscere i gusti dell'altra persona è importante ma saper adattarsi è ancora meglio.

La Conversazione da Incubo

Francesca e Paolo si erano appena conosciuti ma sembravano avere una buona sintonia. La cena procedeva bene fino a quando Paolo non decise di introdurre un argomento che col senno di poi avrebbe dovuto evitare: le teorie complottiste. Con un entusiasmo fuori luogo iniziò a parlare di UFO scie chimiche e presunti avvistamenti alieni nel suo paese natale.

Francesca all'inizio cercò di mantenere la calma rispondendo con educazione. Ma quando Paolo menzionò che il governo aveva probabilmente intercettato il suo Wi-Fi per spiarlo non riuscì più a trattenersi: "Beh spero che abbiano trovato qualcosa di interessante!" La serata prese una piega surreale ma Francesca decise di affrontarla con leggerezza trasformando una potenziale fuga in una serata di aneddoti da raccontare. La morale? Non tutte le conversazioni sono un successo ma puoi sempre trasformarle in una storia divertente da ricordare.

Il Ristorante Sbagliato Ma Giusto

Claudia e Stefano avevano deciso di incontrarsi in un ristorante che entrambi avevano sentito nominare. L'unico problema? Stefano sbagliò indirizzo e prenotò in un ristorante dallo stesso nome ma dall'altra parte della città. Quando Claudia arrivò e si accorse dell'errore decise comunque di andare incontro alla situazione con spirito. "Ehi almeno ora abbiamo una storia da raccontare!" Nonostante il cambio di piani la cena si rivelò un successo. Il nuovo ristorante più modesto si rivelò accogliente e servì uno dei migliori risotti che avessero mai mangiato. "A volte sbagliare strada ti porta esattamente dove devi essere" scherzò Stefano. La serata finì con un brindisi all'imprevisto. La lezione? Gli errori possono rivelarsi opportunità.

Conclusione: Il Bello dell'Imprevedibile

Queste storie dimostrano che ogni appuntamento anche con le sue imperfezioni può diventare memorabile. Le cene non sono fatte per essere perfette ma per essere vissute. Che tu faccia volare un tiramisù scelga il ristorante sbagliato o affronti una conversazione su argomenti improbabili ciò che conta è come reagisci. Con un sorriso e un pizzico di umorismo ogni serata può diventare un'avventura degna di essere raccontata. Buona fortuna con le tue cene future e ricorda la perfezione è sopravvalutata ma il divertimento non lo è mai

Appendice: Risposte Pronte per Domande Inaspettate

Durante una cena, non importa quanto attentamente l'abbia pianificata, c'è sempre la possibilità che arrivi quel momento di puro panico. Ti senti come un cervo abbagliato dai fari di un'auto, ma invece di luci sono gli occhi di chi ti sta di fronte. Una domanda improvvisa, una svolta inaspettata nella conversazione, ed eccoti lì, con lo sguardo fisso e il cervello che urla: "Che cosa devo rispondere?" Non c'è via di fuga, non puoi scappare al bagno ogni volta che accade. E così inizia il vero test della serata.

Non temere, questa appendice è qui per salvarti da situazioni imbarazzanti e risposte disastrose. La bellezza di queste situazioni sta nel fatto che, con un po' di preparazione, possono trasformarsi da incubi a opportunità per brillare. Ogni domanda, per quanto spiazzante, è una chance per mostrare il tuo lato più brillante, che sia il tuo senso dell'umorismo, la tua creatività o la tua capacità di mantenere la calma sotto pressione. In questo capitolo esploreremo non solo come evitare risposte disastrose, ma anche come sfruttare al meglio quei momenti che inizialmente sembrano un disastro. E per rendere il tutto più pratico, ti forniremo frasi jolly che possono salvarti in un batter d'occhio quando ti trovi in difficoltà. Preparati a trasformare il panico in pura magia.

Come evitare risposte disastrose a domande potenzialmente compromettenti

Ci sono domande che ti colpiscono come un fulmine a ciel sereno. "Quante persone hai frequentato prima di me?", "Cosa ne pensi del matrimonio?", oppure la temibile "Pensi che io sia carina?". Questi sono momenti che mettono alla prova anche i nervi più saldi. Ecco alcuni principi fondamentali per evitare di inciampare in risposte disastrose.

1. **Non affrettarti a rispondere**: Quando senti una domanda particolarmente spiazzante, la tentazione di rispondere subito può essere forte. Resisti. Prenditi un secondo, sorridi e dai una risposta ponderata. Anche un piccolo "Hmm, fammi pensare" può guadagnarti tempo e dimostrare che stai prendendo sul serio la conversazione.

2. **Evita di essere troppo diretto**: La sincerità è importante, certo, ma a volte la diplomazia lo è ancora di più. Se non sei sicuro di come la tua risposta verrà interpretata, prova

a trovare un equilibrio tra onestà e tatto. Ad esempio, alla domanda "Quante persone hai frequentato?", puoi rispondere con un sorriso: "Abbastanza da sapere che sei speciale". E voilà, sei salvo.

3. **Non sminuire la domanda**: Anche se pensi che la domanda sia irrilevante o strana, non far sentire l'altra persona giudicata. Rispetta il suo punto di vista. Se ti chiede cosa ne pensi del matrimonio e non hai una risposta chiara, puoi dire qualcosa come: "È una domanda interessante, non ci ho riflettuto molto, ma mi piacerebbe parlarne con te". Così sposti la conversazione su un terreno comune.

4. **Usa l'umorismo con cautela**: L'umorismo è una grande risorsa, ma devi essere sicuro che venga interpretato nel modo giusto. Alla domanda "Pensi che io sia carina?", una risposta come "Sei talmente carina che il cameriere non ha ancora smesso di guardarti" può strappare una risata e distendere l'atmosfera. Ma attenzione, non esagerare con battute che potrebbero sembrare poco sincere.

5. **Evita di mentire**: Una bugia detta per uscire da una situazione difficile può ritorcersi contro di te. Se non sai cosa dire, è meglio usare una frase neutrale piuttosto che inventare qualcosa di non vero.

Frasi da usare quando non sai davvero cosa dire

A volte nonostante tutti i tuoi sforzi, semplicemente non sai cosa rispondere. Magari la domanda ti coglie alla sprovvista, oppure il tema è completamente fuori dal tuo campo. Ecco alcune frasi che possono salvarti in extremis.

1. **La frase jolly neutrale**: "È una domanda interessante, non ci avevo mai pensato così profondamente." Questa risposta è perfetta perché non dice nulla di compromettente, ma dimostra che stai prendendo la domanda sul serio.

2. **Il rimando gentile**: "Mi piacerebbe sapere cosa ne pensi tu prima." Ribaltare la domanda è un ottimo modo per guadagnare tempo e coinvolgere l'altra persona nella conversazione. Inoltre, mostra che sei interessato alla sua opinione.

3. **L'umorismo strategico**: "Se ti rispondo, prometti di non giudicarmi?" Questo tipo di risposta aggiunge un po' di leggerezza e ti permette di indirizzare la conversazione su un tono più rilassato.

4. **L'onestà disarmante**: "Sai, non ho una risposta pronta, ma mi interessa davvero parlarne con te." Questa è una delle

risposte più autentiche che puoi dare. Mostra vulnerabilità, ma in modo positivo.

5. **La deviazione elegante**: "Questa domanda mi fa pensare a qualcosa di divertente che è successo una volta..." e poi racconti un aneddoto che può distogliere l'attenzione e al contempo intrattenere.

Esempi pratici

- **Domanda: "Perché hai scelto questo ristorante?"** Risposta: "Ho sentito dire che il tiramisù qui è leggendario e volevo scoprire se è vero."

- **Domanda: "Ti piace il mio vestito?"** Risposta: "È così bello che stavo pensando di comprarmene uno uguale." (con tono scherzoso)

- **Domanda: "Che musica ascolti?"** Risposta: "Un mix di tutto, ma dipende dall'umore. E tu? Cos'hai nella tua playlist?"

- **Domanda: "Dove ti vedi tra cinque anni?"** Risposta: "Ancora qui a scoprire nuovi ristoranti fantastici con te, magari." (giocosa e con un tocco di ottimismo)

- **Domanda: "Qual è il tuo film preferito?"** Risposta: "Ne ho troppi da scegliere, ma adoro quelli che ti lasciano a bocca aperta. E il tuo?"

- **Domanda: "Che lavoro fai esattamente?"** Risposta: "Diciamo che passo le giornate cercando di sembrare occupato. Scherzo, te lo spiego meglio davanti a un altro bicchiere di vino."

- **Domanda: "Hai un hobby strano?"** Risposta: "Colleziono silenzi imbarazzanti, ma stasera non ne trovo."

- **Domanda: "Credi nell'amore a prima vista?"** Risposta: "Dipende. Ci stiamo guardando negli occhi ora, quindi potrei cominciare."

- **Domanda: "Qual è la cosa più strana che hai mai mangiato?"** Risposta: "Una volta ho provato qualcosa che non sono nemmeno riuscito a pronunciare. Ora evito."

Con queste strategie e frasi jolly nel tuo arsenale, sarai pronto ad affrontare qualsiasi domanda imprevista con grazia e leggerezza. La chiave è ricordare che ogni risposta è un'opportunità per mostrare un lato di te stesso, che sia la tua spontaneità, il tuo senso dell'umorismo o la tua capacità di mantenere la calma anche sotto pressione.

Ciò che conta non è solo cosa rispondi, ma come lo fai. Un tono rilassato e una postura aperta possono fare la differenza. Se riesci a mantenere il contatto visivo e sorridere mentre rispondi, trasmetterai sicurezza e interesse. Mostrare interesse per la persona che hai davanti è sempre un'arma vincente: ascolta attentamente la domanda e rispondi in modo che si senta coinvolta e apprezzata. Non c'è bisogno di una risposta perfetta, basta che sia sincera e in linea con la tua personalità.

Essere autentico non significa non filtrare ciò che dici. È importante essere se stessi, ma anche saper adattare il proprio stile alla situazione. Se una domanda ti sembra troppo personale o fuori luogo, puoi comunque rispondere con gentilezza e humor senza rivelare più di quanto ti senta a tuo agio. Ricorda che la tua autenticità è ciò che renderà speciale la conversazione.

Mantenere un atteggiamento positivo è essenziale in qualsiasi situazione. Anche se la domanda ti sembra difficile o scomoda, affrontala come una sfida leggera piuttosto che un interrogatorio. Prendi ogni occasione per aggiungere un tocco di leggerezza, e se sbagli o ti impappini, ridi di te stesso. Questo dimostrerà che sei sicuro di te e in grado di gestire qualsiasi cosa con eleganza.

In conclusione, non avere paura delle domande inaspettate. Sono ciò che rende una conversazione viva e interessante. Con un po' di preparazione, alcune frasi jolly e una buona dose di fiducia, sarai in grado di brillare in ogni situazione. Ricorda, anche se non hai tutte le risposte, la tua capacità di affrontare ogni momento con grazia e positività è ciò che lascerà il segno. Buona fortuna e che le risposte siano sempre con te!